O ESPÍRITO SANTO
E SUA
TAREFA

Conheça nossos clubes

Conheça nosso site

- @editoraquadrante
- @editoraquadrante
- @quadranteeditora
- Quadrante

Título original
The Holy Spirit and His Work

Capa
Gabriela Haeitmann

Dados Internacionais de Catalogação na Publicação (CIP)

Trese, Leo J.
O Espírito Santo e sua tarefa / Leo J. Trese —
1ª ed. —; tradução de Rafael Guedes — São Paulo: Quadrante
Editora, 2023.

ISBN: 978-85-7465-484-3

1. Santíssima Trindade 2. Santificação e santidade I. Título

CDD—231.1

Índices para catálogo sistemático:
1. Santíssima Trindade : Cristianismo 231.1

Todos os direitos reservados a
QUADRANTE EDITORA
Rua Bernardo da Veiga, 47 - Tel.: 3873-2270
CEP 01252-020 - São Paulo - SP
www.quadrante.com.br / atendimento@quadrante.com.br

Leo J. Trese

O ESPÍRITO SANTO E SUA TAREFA

Tradução
Rafael Guedes

SUMÁRIO

I. O DESCONHECIDO	7
II. O QUE É A GRAÇA?	15
III. A GRAÇA QUE VAI E VEM	23
IV. FONTES DE VIDA	31
V. O QUE É O MÉRITO?	41
VI. O QUE É A VIRTUDE?	49
VII. ESPERANÇA E AMOR	59
VIII. MARAVILHAS DENTRO DE NÓS	69
IX. AS VIRTUDES MORAIS	79
X. O ESPÍRITO SANTO E A IGREJA	89
XI. NÓS SOMOS A IGREJA	99
XII. ONDE A ENCONTRAMOS?	109
XIII. SANTA E CATÓLICA	119
XIV. RAZÃO E FÉ... E EU MESMO	129
XV. O FIM DO CAMINHO	139
XVI. O FIM DO MUNDO	149

I. O DESCONHECIDO

Na Bíblia Sagrada, no livro dos Atos dos Apóstolos (19, 2), lemos que São Paulo foi à cidade de
Éfeso, na Ásia. Lá ele se encontrou com um pequeno
grupo de pessoas que já acreditavam na doutrina
de Jesus. Paulo perguntou a eles: "Recebestes o
Espírito Santo quando abraçastes a fé?" A resposta
deles foi: "Não, nem sequer ouvimos dizer que há
um Espírito Santo!"

Certamente nenhum de nós, hoje em dia, ignora
quem é o Espírito Santo. Sabemos que é uma das três
Pessoas divinas que, com o Pai e o Filho, formam
a Santíssima Trindade. Além disso, sabemos que é
chamado de Paráclito (palavra grega que significa
"Consolador"), Advogado (que defende a causa de
Deus junto aos homens), Espírito da Verdade, Espírito de Deus e Espírito de Amor. Também sabemos
que vem a nós quando somos batizados e continua
morando em nosso interior enquanto não O expul-
samos com o pecado.

Para muitos católicos, isso é tudo o que conhecem
sobre o Espírito Santo. Não podemos, porém, entender totalmente a obra de santificação que ocorre em
nossa alma se não conhecermos o lugar do Espírito
Santo na disposição divina das coisas.

A existência do Espírito Santo — a doutrina da Santíssima Trindade, em suma — era desconhecida até que Jesus Cristo nos revelou a verdade. Nos tempos do Antigo Testamento, o povo judeu vivia rodeado de idólatras. Mais de uma vez, deixaram de adorar o Deus único, que lhes havia escolhido como o seu povo, para adorar outros deuses, como era a prática de seus vizinhos. Como resultado, Deus, através de seus profetas, insistiu na ideia da unicidade divina. Para não complicar as coisas, Ele não revelou ao homem de tempos anteriores a Cristo que há Três Pessoas em Deus. Deixou que Jesus Cristo nos fizesse conhecer essa maravilhosa visão da natureza íntima da Divindade.

Convém recordar aqui, resumidamente, a essência da natureza divina na medida em que nos é possível compreendê-la. Sabemos que o conhecimento que Deus tem de si mesmo é infinitamente perfeito, ou seja, o retrato que Deus tem de si em sua divina inteligência é uma representação absolutamente perfeita. No entanto, essa representação não poderia ser "perfeita", a menos que fosse uma representação "viva". Viver, existir, faz parte da natureza de Deus. Uma imagem mental de Deus que não fosse uma imagem viva não seria uma representação perfeita.

Essa imagem viva de si mesmo que Deus tem em sua mente, essa ideia de si que Ele está engendrando

I. O DESCONHECIDO

ou dando à luz em sua inteligência divina desde a eternidade: a isso chamamos Deus Filho. Poderíamos dizer que Deus Pai é Deus no ato eterno de pensar em si mesmo. Deus Filho é o "pensamento" vivo (e eterno) que resulta desse ato de pensar. Tanto o Pensador quanto o Pensado estão, sem dúvida, dentro da mesma e única natureza divina. Há somente um Deus, mas são duas Pessoas.

Porém, isso não termina aqui. Deus Pai e Deus Filho têm, cada um, a capacidade infinita de amar um ao outro. E, dessa forma, há uma corrente de amor divino entre essas duas Pessoas. Trata-se de um amor tão perfeito, de um ardor tão infinito, que é um amor "vivo", e chamamos esse amor de Espírito Santo, a terceira Pessoa da Santíssima Trindade. Como dois vulcões que trocam uma mesma corrente de fogo entre si, o Pai e o Filho entregam um ao outro essa chama viva de amor. É por isso que afirmamos no Credo niceno que o Espírito Santo procede do Pai e do Filho.

Essa, portanto, é a vida interior da Santíssima Trindade: o Deus que conhece, o Deus conhecido e o Deus que ama e é amado. Três Pessoas divinas, distintas entre si e, no entanto, dividindo a mesma e única natureza em absoluta unidade. Não há subordinação de uma Pessoa a outra, pois as três detêm igualmente a natureza divina. Deus Pai não é mais sábio do que Deus Filho. Deus Filho não é mais poderoso do que Deus Espírito Santo. Também devemos evitar pensar na Santíssima Trindade em termos de tempo. Deus Pai não veio primeiro, nem Deus Filho veio um pouco depois, tampouco Deus Espírito Santo veio por último. Esse processo de conhecer e amar, que constitui a vida íntima da Santíssima Trindade, existe desde toda a eternidade; não teve começo.

Outro ponto interessante, antes de passarmos a falar do Espírito Santo em particular, é o fato de que as três Pessoas divinas não só estão unidas em uma única natureza, como também estão unidas entre si. Cada uma delas está em todas as outras, formando uma unidade inseparável — mais ou menos como as três cores primárias do espectro (por natureza) se unem em uma radiação incolor que chamamos de luz. Evidentemente, é possível separar um raio de luz por meios artificiais, como um prisma, para fazer um arco-íris. Porém, se o raio de luz não for separado, o vermelho estará no azul, o azul estará no amarelo e o vermelho estará em ambos — e não haverá mais do que um único raio de luz.

Naturalmente, não existe um exemplo perfeito quando se trata de Deus. No entanto, por analogia, podemos dizer que, assim como as três cores do espectro estão umas nas outras e são inseparáveis, também na Santíssima Trindade o Pai está no Filho, o Filho está no Pai e o Espírito Santo está em ambos.

I. O DESCONHECIDO

Onde está um, estão todos. Em linguagem teológica, essa unidade inseparável das Pessoas divinas é chamada de "circunsessão".

Nos tempos de escola, a maioria de nós estudou fisiologia ou biologia. Por isso temos uma ideia muito aproximada do que ocorre dentro de nosso corpo. Por outro lado, poucos de nós temos uma ideia exata do que ocorre dentro de nossa alma. Falamos de modo um pouco leviano e frívolo sobre a graça — a graça atual e a graça santificante —, sobre a vida sobrenatural e sobre o aumento da santidade. A questão consiste em saber o que significam, exatamente, essas palavras.

Para responder com propriedade, primeiramente precisamos compreender o papel que o Espírito Santo desempenha na santificação da alma humana. Sabemos que o Espírito Santo é o amor infinito que Deus Pai e Deus Filho trocam entre si. Trata-se do amor personificado, de um amor "vivo". Visto que foi o amor de Deus por nós que o levou a nos fazer participantes de sua própria vida divina, é natural que atribuamos ao Espírito Santo — o Espírito do Amor — a ação da graça em nossa alma.

Contudo, devemos recordar que as três Pessoas Divinas são inseparáveis. Em linguagem humana (e, portanto, não teologicamente exata), poderíamos dizer que nenhuma das três Pessoas faz algo separadamente ou por si mesma, fora da natureza divina.

Dentro da natureza divina, dentro de Deus, cada Pessoa tem a sua própria atividade particular, a sua própria relação particular uma com a outra. Deus Pai é Deus se conhecendo a si mesmo, "vendo-se" a si mesmo; Deus Filho é a imagem viva que Deus tem de si mesmo; e Deus Espírito Santo é o amor de Deus por si mesmo.

Fora de si (se pudermos falar com essa leviandade toda), Deus só age em perfeita unidade. Nenhuma das Pessoas faz qualquer coisa por si mesma. O que uma Pessoa divina faz, as três o fazem. Fora da natureza divina, é a Santíssima Trindade que atua. Usando de um exemplo vulgar — e até certo ponto inadequado —, eu diria que o único lugar onde o meu cérebro, o meu coração e os meus pulmões fazem algo por si mesmos é dentro do meu corpo. Ali, cada um deles executa a própria função para o bem dos demais. Porém, fora de mim, o cérebro, o coração e os pulmões atuam inseparavelmente juntos. Aonde quer que eu vá, o que quer que eu faça, cérebro, coração e pulmões intervêm como unidade. Nenhum deles faz qualquer atividade isoladamente, por si próprio.

Apesar disso, temos o hábito de falar como se assim fosse. Dizemos que um homem tem bons pulmões, como se apenas os pulmões falassem; dizemos que um homem tem coração de leão, como se a valentia dependesse exclusivamente do coração;

I. O DESCONHECIDO

dizemos que um homem é inteligente, como se a inteligência pudesse trabalhar sem sangue nem oxigênio. Atribuímos a um órgão particular um trabalho em que todos os órgãos atuam juntos.

Devemos então dar um tremendo salto, a partir de nossas limitadas possibilidades físicas, até as três Pessoas vivas que formam a Santíssima Trindade. Assim, talvez possamos entender um pouco melhor por que o trabalho de santificação das almas é atribuído ao Espírito Santo.

Uma vez que Deus Pai é a origem ou o princípio da atividade divina que ocorre no interior da Santíssima Trindade (a ação de conhecer e amar), Ele é considerado o princípio de tudo. Essa é a razão por que "atribuímos" ao Pai o trabalho da criação. É claro que quem cria é a Santíssima Trindade como um todo, trate-se do universo ou de uma só alma. O que uma Pessoa faz, as três fazem. No entanto, "atribuímos" ao Pai o ato da criação. Considerando a sua relação com as outras duas Pessoas, "atribuir" a Ele a ação de Criador nos parece o mais indicado.

Portanto, visto que foi por meio da segunda Pessoa, Deus Filho, que Deus uniu a natureza humana a si mesmo, "atribuímos" a redenção a Deus Filho, que é a Sabedoria viva do Deus Pai. O Poder Infinito (o Pai) decidiu pela redenção, e a Sabedoria Infinita (o Filho) executou a decisão.

O ESPÍRITO SANTO E SUA TAREFA

Deus Espírito Santo é o Santificador também por "atribuição".

O que foi visto até aqui pode parecer desnecessariamente técnico ao leitor. No entanto, talvez isso nos ajude a compreender o que se pretende indicar quando o Catecismo afirma, por exemplo, que "o Espírito Santo habita na Igreja como a fonte de sua vida e santifica as almas com o dom da graça". O amor de Deus está atuando, mas a sua sabedoria e poder também estão ali.

II. O QUE É A GRAÇA?

A palavra "graça" tem vários significados. Pode indicar algo "encantador", como quando dizemos: "Atravessou a sala com graça". Pode indicar benevolência: "Contei com suas graças nesse assunto". Pode significar "ação de graças", quando falamos em "dar graças após as refeições". Qualquer um de nós pode pensar em mais meia dúzia de frases em que a palavra "graça" é usada no dia a dia.

Na teologia, porém, a palavra "graça" tem um significado definido e restrito. Em primeiro lugar, significa uma dádiva de Deus. Mas não de qualquer tipo, e sim de um gênero muito especial. A própria vida é um presente de Deus. Ele não era, sob nenhum aspecto, obrigado a criar a raça humana, quanto mais você e eu em particular. Tudo aquilo que acompanha a vida humana é, da mesma forma, um presente de Deus. O sentido da visão e da fala; a saúde física; as habilidades que possamos ter — cantar, desenhar, cozinhar etc. —, tudo isso são dádivas divinas. No entanto, chamamos esses presentes de dons naturais. Fazem parte da nossa natureza de seres humanos. Há uma série de coisas que acompanham os homens na forma como Deus idealizou a natureza humana. Não é adequado chamar esses dons de "graças".

Na teologia, a palavra "graça" designa aqueles dons às quais os homens não têm direito nem remotamente, nem mesmo por sua condição de seres humanos. É usada para especificar as dádivas que estão acima da natureza do homem. É por isso que nos servimos da palavra latina *super*, que significa "elevado", e dizemos que a graça é um dom sobrenatural[1] de Deus. No entanto, essa definição ainda está incompleta. Há dons de Deus que são sobrenaturais, mas que não podem ser chamados de "graças" em sentido estrito. Por exemplo: uma pessoa que sofre de um câncer incurável pode ser curada milagrosamente em Lourdes. Nesse caso, a saúde dessa pessoa seria um dom sobrenatural recebido através de meios que estão acima e fora da natureza humana. Se quisermos ser absolutamente precisos, não podemos chamar essa cura de graça. Há, além disso, outras dádivas que são sobrenaturais em suas origens, mas que não podem ser qualificadas como "graças". A Bíblia Sagrada, por exemplo, é um presente sobrenatural de Deus, da mesma forma como a Igreja e os sacramentos.

Dons como esses, ainda que sejam sobrenaturais, atuam fora de nós. Não seria de todo errado chamá-

---

1   *Supernaturalis*, em latim. [N. T.]

II. O QUE É A GRAÇA?

-los de "graças externas". A palavra "graça", porém, quando usada de forma clara e por si só, refere-se àqueles presentes ou dádivas "invisíveis" que residem na alma ou que operam nela. Deste modo, construímos uma definição um pouco mais sólida da graça afirmando que se trata de um dom sobrenatural e "interior" de Deus.

O que foi visto até aqui levanta outra questão. Em certas ocasiões, Deus concede a algumas almas eleitas o poder de, por exemplo, vislumbrar o futuro. Essa é uma graça interna sobrenatural. Mas será que podemos chamar de graça esse poder de profecia? Da mesma forma, um sacerdote tem o poder de transformar o pão e o vinho no Corpo e no Sangue de Cristo, bem como de perdoar pecados. Certamente esses são dons sobrenaturais internos. Mas seriam graças? A resposta para as duas perguntas é não. Faculdades como as citadas, ainda que sejam dons internos e sobrenaturais, são concedidas em benefício das outras pessoas, e não de quem as recebe. O sacerdote não celebra a Missa para o seu próprio bem, mas para o bem do Corpo Místico de Cristo. Ele poderia estar em pecado mortal, e no entanto sua Missa seria uma Missa válida e conquistaria graças para os outros. Ele poderia ter pecado em sua própria alma, e contudo as suas palavras de absolvição perdoariam os pecados dos outros. Isso nos leva a outra consideração que devemos acrescentar à nossa definição de graça: trata-se de um dom sobrenatural e interior de Deus que nos é concedido para a nossa própria salvação.

Uma última pergunta: se a graça é um presente de Deus ao qual não temos direito nem remotamente e que não podemos exigir, como ela nos é concedida? Os primeiros seres (até onde sabemos) que receberam a graça foram os anjos, Adão e Eva. Talvez não surpreenda, tendo em vista a bondade infinita de Deus, que Ele tenha concedido graças aos anjos e aos nossos primeiros pais. É bem verdade que não a mereciam, mas, ainda que não tivessem tal direito, certamente não eram indignos dessa dádiva.

No entanto, quando pecaram, Adão e Eva (bem como nós, os seus descendentes) passaram a ser não só indignos da graça, mas verdadeiramente imerecedores de qualquer coisa além dos dons naturais comuns da natureza humana. Como poderia a justiça infinita de Deus, infringida pelo pecado original, ficar satisfeita de tal modo que a sua bondade infinita pudesse agir novamente em benefício da humanidade?

A resposta a essa pergunta toca, a nosso ver, a definição de graça. Sabemos que foi Jesus Cristo, com a sua vida e morte, quem satisfez a justiça divina pelo pecado da humanidade. Foi Jesus Cristo quem obteve méritos para a humanidade e conquistou para nós a graça que Adão havia perdido. Assim, podemos

II. O QUE É A GRAÇA?

completar a nossa definição, dizendo: "A graça é um dom sobrenatural e interior de Deus concedido a nós para a nossa salvação por meio dos méritos da redenção de Nosso Senhor Jesus Cristo". Quem diria que tão poucas palavras poderiam conter tão grande significado!

Quando nascemos a nossa alma estava, espiritualmente falando, escura e vazia — espiritualmente morta. Não havia meio de união entre ela e Deus, não havia comunicação. Mesmo que, sem ser batizados, alcançássemos a idade da razão e morrêssemos sem cometer nenhum pecado (uma hipótese puramente imaginária e verdadeiramente impossível), não iríamos para o Céu. Entraríamos em um estado de felicidade natural que, na falta de um termo mais apropriado, chamamos de limbo, mas nunca veríamos Deus face a face e tal como Ele é.

Esse é um pensamento que vale a pena repetir, esse segundo o qual, em nossa condição de seres humanos, não temos nenhum direito a essa visão direta de Deus que constitui a felicidade essencial do Céu. Tampouco Adão e Eva, antes de sua queda, tinham qualquer "direito" ao Céu. De fato, a alma humana, no que poderíamos chamar de seu estado natural puro, não tem o poder de ver a Deus — nesse estado, ela não tem capacidade de uma união íntima e pessoal com Ele.

Mas Deus não deixou o homem nesse estado puramente natural. Quando criou Adão, conferiu ao nosso primeiro pai tudo o que lhe correspondia como ser humano. Só que foi mais longe: concedeu à alma de Adão certa faculdade ou poder que lhe tornaria capaz de viver em estreita (ainda que invisível) união com Ele nesta vida. Como essa faculdade especial estava totalmente além das forças naturais da alma, nós a chamamos de faculdade sobrenatural da alma, um dom sobrenatural.

Deus concedeu essa faculdade ou poder especial à alma de Adão morando Ele próprio na alma de Adão. De uma forma maravilhosa, que seguirá sendo um mistério para nós até o Dia do Juízo, Deus "se instalou na alma de Adão". Da mesma maneira como o sol derrama luz e calor à atmosfera que o rodeia, assim Deus derramou na alma de Adão essa faculdade sobrenatural: nada menos do que compartilhar, até certo ponto, a própria vida divina. A luz do sol não é o sol, mas vem do sol, é o resultado da presença do sol. Da mesma forma, essa faculdade sobrenatural da alma é distinta de Deus, mas vem dEle e é efeito de sua presença na alma.

Essa faculdade sobrenatural da alma tem ainda outro efeito. Não só nos capacita a viver em estreita união e comunicação com Deus nesta vida, mas também prepara a nossa alma para outro dom que

II. O QUE É A GRAÇA?

Ele nos dará após a morte. Esse dom será o da visão sobrenatural, o poder de ver a Deus face a face, tal como Ele é.

O leitor já deve ter notado que essa faculdade sobrenatural da alma sobre a qual estou falando é um dom de Deus a que os teólogos chamam graça santificante — eu a descrevi antes de dizer o seu nome na esperança de que o nome pudesse significar algo mais quando chegássemos a ele. E o dom ulterior da visão sobrenatural após a morte é o que os teólogos chamam em latim de *lumen gloriae*, "luz da glória". A graça santificante é uma preparação necessária, um requisito prévio para a luz da glória. Da mesma forma que uma lâmpada elétrica é inútil sem uma tomada onde ligá-la, a Luz da Glória não encontra lugar em uma alma que não esteja possuída pela graça santificante.

Mencionei a graça santificante ao tratar de Adão. No próprio ato de criar Adão, Deus o elevou acima do nível meramente natural, rumo a um destino sobrenatural, concedendo-lhe a graça santificante. Em virtude do pecado original, Adão perdeu essa graça para ele e para nós, mas Jesus Cristo, mediante a sua morte na Cruz, apagou a culpa que separava o homem de Deus; dessa forma, o destino sobrenatural da humanidade foi reconquistado. Agora a graça santificante é concedida a cada homem individualmente no sacramento do Batismo.

Quando somos batizados, recebemos pela primeira vez a graça santificante. Deus (o Espírito Santo por atribuição) começa a habitar dentro de nós. Mediante a sua presença, Ele concede à nossa alma a faculdade sobrenatural que Lhe possibilita, de forma ao mesmo tempo grandiosa e misteriosa, ver-se a si mesmo em nós e, por consequência, amar-nos. Como resultado dessa faculdade sobrenatural da alma, dessa graça santificante que foi adquirida para nós por Jesus, estamos unidos por ela a Cristo e a compartilhamos com Cristo. Deus, consequentemente, nos vê como vê o seu Filho, e nós nos transformamos, cada um de nós, em filho de Deus.

Às vezes, a graça santificante é chamada de *graça habitual*, pois se pretende que seja o estado permanente ou habitual da alma. Uma vez que nos unimos a Deus pelo Batismo, deseja-se que nos mantenhamos unidos a Ele para sempre, de forma invisível aqui e de forma visível depois.

III. A GRAÇA QUE VAI E VEM

Deus nos criou para a visão beatífica, para a união pessoal com Ele, que é a felicidade do Céu. Para sermos capazes dessa visão direta de Deus, Ele nos dará um poder sobrenatural a que chamamos luz da glória. No entanto, a luz da glória só pode ser concedida à alma que já estiver unida a Ele por meio desse dom anterior, chamado graça santificante. Se formos à eternidade desprovidos da graça santificante, perderemos Deus para sempre.

Uma vez que tenhamos recebido a graça santificante no Batismo, a conservação desse dom sobrenatural até o fim se torna uma questão de importância vital. E se ela nos abandonar em virtude de uma catástrofe que nós mesmos buscamos, na forma do pecado mortal, é de grande urgência recuperarmos essa preciosa dádiva perdida pelo pecado, a vida espiritual da graça santificante que extinguimos em nossa alma.

Também é importante que aumentemos a graça santificante em nós. E você *é* capaz de aumentá-la. Quanto mais purificada estiver uma alma, melhor ela responderá à ação de Deus. Quando a pureza diminui, a graça santificante também diminui. E é o grau de graça santificante que determinará o grau de nossa felicidade no Céu. Dois homens que observem a abóbada da Capela Sistina terão ambos um gozo completo à vista da obra de Michelangelo, mas o homem de mente cultivada experimentará um prazer maior do que o outro, cujo gosto artístico é inferior. Mesmo assim, o homem com pouca sensibilidade artística também ficará plenamente satisfeito, ainda que não perceba que deixou de apreciar algum aspecto da obra. De forma similar, todos nós seremos felizes no Céu, mas o grau de nossa felicidade dependerá da agudeza espiritual de nossa visão. E isso, por sua vez, dependerá do grau em que a graça santificante tocar fundo em nossa alma.

Essas são, portanto, as nossas três necessidades no que se refere à graça santificante: primeiro, que a preservemos permanentemente e até o fim; segundo, que a recuperemos imediatamente se a perdermos em virtude do pecado mortal; e, terceiro, que procuremos crescer nessa graça com um anseio que tenha o Céu como limite.

Nada disso, porém, é fácil. De fato, se contarmos somente com a nossa inteligência humana e força corporal, nenhuma dessas coisas sequer é possível. Como uma vítima de bombardeio, cambaleante, cega e fraca, emergindo das ruínas, assim a natureza humana avança penosamente ao longo dos séculos desde a rebelião do pecado original, com o discernimento permanentemente desequilibrado e a vontade debilitada. É tão difícil reconhecer o perigo a tempo,

III. A GRAÇA QUE VAI E VEM

tão árduo encarar com honradez as coisas boas que devem ser feitas, tão custoso desviar o nosso olhar do hipnótico fascínio do pecado...

É por isso que a graça santificante, como um rei rodeado por uma corte de servos, é precedida e acompanhada de uma equipe completa de ajudas especiais de Deus. Nós chamamos essas ajudas especiais de graças atuais. Uma graça atual é um impulso momentâneo e passageiro, um surto de energia espiritual com o qual Deus chama a nossa alma, mais ou menos como a mão do mecânico que toca uma roda em movimento para fazer com que ela continue se movendo.

A graça atual pode agir sobre a inteligência ou sobre a vontade — normalmente age sobre ambas. Deus concede a graça atual invariavelmente por uma das três razões mencionadas antes: a fim de preparar o caminho para a primeira infusão da graça santificante (ou para devolvê-la no caso de ter sido perdida); para conservar a graça santificante na alma; e para aumentá-la. Pode-se compreender melhor a ação da graça atual se imaginarmos a forma como ela trabalha numa pessoa que perdeu a graça santificante em virtude de um pecado mortal.

Primeiro, Deus ilumina a inteligência do pecador de modo que ele possa ver o mal que praticou. Se o pecador aceitar essa graça, admitirá interiormente: "Ofendi a Deus gravemente. Cometi um pecado mortal." Pode acontecer, é claro, de o pecador recusar essa graça e dizer algo como: "O que eu fiz não foi tão terrível assim. Muitas pessoas fazem coisas piores." Se ele recusar essa primeira graça, é muito provável que não haja uma segunda. No curso normal da providência de Deus, uma graça prepara a outra. Esse é o significado das palavras de Cristo: "Será dado ao que tem e terá em abundância. Mas ao que não tem será tirado mesmo aquilo que julga ter" (Mt 25, 29). Se, porém, o pecador aceitar a primeira graça, então virá a segunda. Desta vez será um fortalecimento da vontade, que o capacitará a fazer um ato de contrição: "Meu Deus", — exclamará em seu coração, "se eu morrer dessa forma, perderei o Céu e irei para o inferno! Tratei-lhe de forma indigna em retribuição a todo o amor que tem por mim! Meu Pai, não farei isso novamente!" Se a dor do pecador for perfeita (brotando principalmente de seu amor a Deus), a graça santificante será devolvida no mesmo instante à sua alma e Deus se unirá a ela. Se a dor for imperfeita, baseada principalmente no temor à justiça de Deus, haverá outro impulso de graça. Com a inteligência mais clara, o pecador pensará: "Devo me confessar." Em seguida, com a vontade fortalecida, finalmente tomará a decisão: "Vou me confessar." Desse modo, restaurará a graça santificante em sua alma no sacramento da Penitência. Esse é um exemplo concreto de ação da graça atual.

III. A GRAÇA QUE VAI E VEM

Sem a ajuda de Deus, não podemos ir para o Céu. E essa ajuda não é nada mais, nada menos, do que a graça. Sem a graça santificante, não somos capazes da visão beatífica. Sem a graça atual, não somos capazes de receber a graça santificante (uma vez que tenhamos alcançado a idade da razão), nem de permanecer por longo tempo em estado de graça santificante. Por fim, sem a graça atual, não conseguimos recuperar a graça santificante, caso a tenhamos perdido.

Em vista da necessidade absoluta da graça, é reconfortante lembrar mais uma verdade, a qual também é um artigo de fé, ou seja, algo em que devemos crer. Trata-se do fato de Deus conceder graça suficiente para que toda alma criada por Ele alcance o Céu. Isso significa que nenhum de nós perderá o Céu, a não ser por nossa própria culpa, por não sabermos usar da graça divina.

É certo que se pode rejeitar a graça. A graça de Deus atua na e por meio da vontade humana. Ela não aniquila a nossa liberdade de escolha. A graça faz a maior parte do trabalho, mas Deus pede a nossa colaboração — o mínimo que devemos fazer é não colocar obstáculos à ação da graça em nossa alma.

Falamos sobretudo de graças atuais, esses impulsos divinos que nos movem a julgar e fazer o que é bom. Talvez um exemplo ajude a ilustrar a ação da graça em relação ao livre-arbítrio.

Imagine que sofri por muito tempo de uma doença. Agora estou convalescente e tenho de reaprender a andar. Se tentar andar sozinho, vou cair de cara no chão. Por isso um bom amigo se compromete a me ajudar. Ele coloca o braço ao redor de minha cintura e eu apoio o meu corpo sobre o seu ombro. Aos poucos, ele me faz avançar, devagar, sobre o chão. Estou andando de novo! Realmente, quando caminho, o meu amigo está fazendo a maior parte, mas há algo que ele não pode fazer por mim: não pode levantar os meus pés. Se eu sequer tentar colocar um pé à frente do outro, se apenas me deixar segurar, feito um peso morto, pendurado em meu amigo, a ajuda dele será inútil e, apesar de seus esforços, eu não conseguirei avançar.

De forma quase idêntica, podemos fazer com que a graça de Deus perca o seu efeito. Por nossa indiferença — ou, pior ainda, por nossa determinada resistência —, podemos frustrar a ação da graça divina em nossa alma. Evidentemente, se for de sua vontade, Deus pode nos dar tanta graça que a nossa vontade seja movida sem nenhum esforço de nossa parte. Isso é o que os teólogos chamam de *graça eficaz*, a fim de distingui-la da graça meramente suficiente. A graça eficaz realmente cumpre o seu propósito. Ela não é apenas "suficiente" para as nossas necessidades espirituais: além disso, é forte o bastante para vencer a debilidade ou a obstinação que poderia nos induzir a rejeitar ou resistir à graça.

III. A GRAÇA QUE VAI E VEM

Tenho certeza de que qualquer um de nós, alguma vez, já teve uma experiência como a seguinte. Imagine que enfrentamos uma forte tentação — e talvez até saibamos, por experiência, que essa tentação costuma nos vencer. Então murmuramos uma fraca oração pedindo ajuda, mesmo sem termos total certeza, em nossa mente, de que queremos ser ajudados. De repente, a tentação desaparece. Ao pensar no assunto mais tarde, não podemos dizer com sinceridade que "vencemos" a tentação. Na realidade, parece que ela "se dissipou".

Também já passamos pela experiência de executar uma ação que a nós parece extremamente generosa, ou que implica algum sacrifício de nossa parte, e sentir então uma agradável surpresa. "De fato", admitimos para nós mesmos, "não sou de fazer essas coisas".

Em ambos os casos, contamos com graças que não só eram "suficientes", mas também realmente eficazes. Quando fazemos o bem ou nos abstemos de fazer o mal, a graça foi eficaz, cumpriu o seu objetivo. E isso é verdade mesmo quando estamos conscientes de ter feito algum esforço de nossa parte, mesmo quando notamos que foi por meio de alguma luta.

Na verdade, creio que uma de nossas maiores surpresas, no Dia do Juízo, estará em descobrir o quão pouco tivemos de fazer por nossa salvação. Ficaremos assombrados ao saber como a graça,

O ESPÍRITO SANTO E SUA TAREFA

de forma tão contínua e completa, rodeou-nos e acompanhou-nos ao longo de toda a vida. Durante esta existência, reconhecemos ocasionalmente a mão de Deus; às vezes dizemos coisas como: "A graça de Deus estava mesmo comigo". Porém, no Dia do Juízo veremos que, para cada graça que reconhecemos, houve uma infinidade de outras escondidas que passaram despercebidas.

Nesse dia, a nossa surpresa também vai se misturar à vergonha. A maioria de nós anda pela vida parabenizando-se por pequenas vitórias. Dissemos não para aquele copo que teria sido um excesso; deixamos de sair com aquela pessoa que poderia ter sido ocasião de pecado; guardamos a língua quando gostaríamos de ter respondido de modo grosseiro e ofensivo; conseguimos sair da cama para ouvir a Missa num dia de trabalho, quando o nosso corpo gritava em protesto... Porém, no Dia do Juízo, poderemos olhar francamente para nós e ver o quadro completo da ação da graça em nossas vidas. Veremos, então, quão pouco tivemos de fazer em nossas heroicas decisões e em nossos atos supostamente nobres. E já podemos quase imaginar Deus sorrindo de forma complacente e amorosa enquanto nos observa dizer, perplexos e confusos: "Meu Deus! Éreis sempre Vós!"

IV. FONTES DE VIDA

Sabemos que há duas fontes de graça divina: a oração e os sacramentos. Uma vez recebida a graça santificante por meio do Batismo, essa graça cresce nas almas em razão da oração e dos outros seis sacramentos. Se perdermos a graça santificante em virtude de algum pecado mortal, a oração (que nos dispõe ao perdão) e o sacramento da Penitência a devolverão.

A oração é definida como "uma elevação da mente e do coração a Deus". É possível elevar a nossa mente e o nosso coração ao Senhor por meio de palavras. Podemos dizer: "Meu Deus, perdoa os meus pecados"; ou: "Meu Deus, eu te amo", falando com Ele de forma completamente natural. Ou podemos elevar a mente e o coração a Deus mediante palavras que outros escreveram, tentando "dizer" as palavras que lemos.

Essas orações "preparadas" podem ter sido escritas por indivíduos particulares (mas aprovadas oficialmente) e encontram-se em livros de orações e devocionários; podem também ser orações litúrgicas, as orações oficiais da Igreja, do Corpo Místico de Cristo: aquelas da Missa, do Breviário

O ESPÍRITO SANTO E SUA TAREFA

e de diversas funções religiosas. A maioria delas, como os Salmos e os cânticos, vem da Bíblia Sagrada, de forma que são palavras inspiradas pelo próprio Deus.

Podemos, portanto, orar com as nossas próprias palavras ou com as palavras de outros. Podemos usar orações litúrgicas ou compostas por autores os mais diversos. Qualquer que seja a origem de nossas palavras, na medida em que o uso delas desempenhar papel proeminente na oração, esta será denominada *oração vocal* — e isso até quando não as pronunciarmos em voz alta, até quando as dissermos silenciosamente para nós mesmos. O que determina a oração vocal não é o tom da voz, mas o uso de palavras. Esse é um tipo de oração empregado universalmente tanto por pessoas santas quanto por pessoas não tão santas.

Há, por outro lado, um tipo de oração mais elevado, chamado *oração mental*. Nesse tipo de oração, a mente e o coração é que trabalham, sem usar palavras. Quase todos empregamos a oração mental de vez em quando, muitas vezes sem perceber. Se alguma vez você olhou para um crucifixo, pensou no quanto Jesus sofreu por nossos pecados e decidiu ser mais paciente, você fez uma oração mental. Se alguma vez (provavelmente depois da comunhão) você pensou no quanto Deus tem sido bom para consigo e no quão pouco você tem feito por Ele,

IV. FONTES DE VIDA

decidindo em seguida ser mais generoso para com o Senhor, você orou mentalmente.

Essa classe de oração, em que a mente se ocupa de alguma verdade divina — por exemplo, de alguma palavra ou ação de Cristo — e da qual resulta que o coração (na verdade, a vontade) cresce em amor e fidelidade a Deus, é comumente chamada *meditação*. Embora seja verdade que quase todo católico fiel, pelo menos de forma intermitente, praticará a meditação em alguma medida, convém advertir que ele não experimentará um crescimento espiritual notável a menos que se dedique à oração mental durante parte do tempo consagrado à oração. É por isso que a lei da Igreja prescreve que todo sacerdote dedique um tempo diário à oração mental. A maioria das ordens religiosas prescreve a seus membros uma hora completa de oração mental diária.

Para uma pessoa comum, uma forma simples e frutífera de meditação consiste em ler um capítulo dos Evangelhos todos os dias. Se possível, é bom que essa leitura seja feita num horário e local sem ruídos e distrações. Em seguida, a pessoa deve tentar se lembrar mentalmente do que leu, dando tempo para que a leitura seja assimilada e aplicada à própria vida, de modo que esta seja orientada a uma resolução concreta.

Além da meditação, há outra forma de oração mental — ainda mais elevada do que aquela —

O ESPÍRITO SANTO E SUA TAREFA

chamada *contemplação*. Nós nos acostumamos a pensar nos santos como "contemplativos"; somos inclinados a pensar que a contemplação é algo reservado aos mosteiros e conventos, mas na verdade a oração contemplativa é uma forma de oração à qual todo cristão sincero deveria aspirar. É a esse tipo de oração que a nossa meditação conduziria, caso meditássemos com regularidade.

Não é fácil descrever a oração contemplativa, pois não há muito o que falar sobre ela. Poderíamos dizer que é um tipo de oração em que a mente e o coração se elevam a Deus e ficam ali. A mente, ao menos, permanece inativa; o único movimento presente é o do coração (ou da vontade) em direção a Deus. Se algum trabalho é executado, é o próprio Deus que o executa. Podemos agir, então, em total liberdade sobre o coração que se uniu tão firmemente a Ele.

Antes que você diga: "Eu nunca conseguiria contemplar!", deixe-me perguntar: você já se ajoelhou (ou sentou-se) em uma igreja tranquila após a Missa ou ao retornar do trabalho? Ficou ali por alguns breves minutos sem pensar de forma consciente, talvez simplesmente olhando para o Sacrário, com a mente vazia, num estado de santo desejo e expectativa? E, depois disso, saiu da igreja com um sentimento peculiar de forças renovadas, de paz e de ânimo? Se a resposta for sim, você andou

IV. FONTES DE VIDA

praticando a contemplação, ainda que não soubesse. Não devemos, portanto, achar que a contemplação está fora de nosso alcance. É um tipo de oração que Deus quer que todos experimentemos; é um tipo de oração ao qual toda outra forma de oração — a vocal (privada e litúrgica) ou a meditação — deveria nos conduzir; é a oração que contribuirá de modo mais eficaz para o crescimento da graça.

Essa nossa maravilhosa vida interior — essa forma de participar da própria vida de Deus a que chamamos graça santificante — cresce por meio da oração. Cresce também por meio dos sacramentos que se seguem após o Batismo. A vida de um adolescente cresce a cada respiração que ele dá, a cada grama de comida que ele ingere, a cada movimento de seus músculos em desenvolvimento. Da mesma forma, os outros seis sacramentos constituem, desde o início da vida, o primeiro acesso à graça santificante concedida pelo Batismo.

Isso vale também para o sacramento da Penitência. Estamos acostumados a pensar na Confissão como o sacramento do perdão, que nos devolve a vida quando a graça santificante foi perdida em virtude de algum pecado mortal. Mas o sacramento é um remédio que, além de "restaurar a vida", "edifica a vida". Seria uma lamentável ignorância achar que o sacramento da Penitência se limita a perdoar os pecados mortais. Esse sacramento tem outro propósito secundário. Para a alma que está em estado de graça santificante, a Penitência é um meio de acrescentar vida tanto quanto a Sagrada Eucaristia. É por isso que quem busca ir além da mediocridade na vida espiritual gosta de receber o sacramento da Penitência com frequência. No entanto, o sacramento da vida por excelência é a Sagrada Eucaristia. Esse, acima de qualquer outro, é que enriquece e intensifica a vida da graça em nós. A própria forma do sacramento nos diz. Na Sagrada Eucaristia, Deus não vem a nós por meio de uma purificação com água, da unção com óleo, da imposição de mãos, mas como verdadeiro alimento e verdadeira bebida de nossa alma: sob as formas do pão e do vinho.

Esse impulso ascendente a que chamamos graça santificante é o resultado da união da alma com Deus, consequência da inabitação de Deus na alma. Não há outro sacramento que nos una tão direta e intimamente a Deus quanto a Sagrada Eucaristia, quer pensemos nela como a Missa ou como a Sagrada Comunhão. Na Missa, a nossa alma se eleva até a Santíssima Trindade. Quando nos unimos a Cristo por meio dela, Cristo une o nosso amor ao seu próprio amor infinito por Deus. Nós nos transformamos, então, em parte do dom de si que Ele oferece, neste Calvário sem fim, ao Deus Trino. De certo modo, Ele nos transporta em si mesmo e nos introduz nessa profundeza misteriosa que é a

IV. FONTES DE VIDA

vida eterna do Deus Uno. Nesse contato direto com Deus, não é de admirar que a Missa seja, para nós, essa fonte tão abundante de vida, uma espécie de multiplicador de graça santificante.

Contudo, essa irrupção de vida não termina quando nos aproximamos da divindade na consagração da Missa. Agora o curso se inverte. Quando vamos a Deus *com* e *através* de Cristo, Deus, por sua vez, desce até nós *em* Cristo e *através* de Cristo. Num mistério de união que deve fascinar até os anjos, Deus vem a nós. Neste caso, Ele não usa água, óleo, gestos ou palavras como portadores de sua graça. Desta vez é Jesus Cristo, o próprio Filho de Deus, quem se apresenta real e pessoalmente sob a forma do pão e eleva a graça santificante dentro de nós a limites inimagináveis.

A Missa em si, mesmo sem a Sagrada Comunhão, é uma fonte ilimitada de graça para cada membro do Corpo Místico de Cristo que esteja espiritualmente vivo. Para cada um de nós, individualmente, as graças da Missa aumentam na medida em que nos unimos consciente e ativamente a Cristo em seu oferecimento de si mesmo. Quando as circunstâncias impedem de receber a Sagrada Comunhão, uma comunhão espiritual sincera e fervorosa aumentará as graças que recebemos na Missa.

Cristo, sem dúvida, é capaz de transpor essa distância da qual não temos culpa. Mas é evidente que qualquer católico autenticamente interessado no próprio crescimento espiritual desejará completar o ciclo da graça com a Sagrada Comunhão. "Que cada Missa seja uma Missa de comunhão" deveria ser a meta de todos nós. Aquele que, por desinteresse ou negligência, deixa de abrir o seu coração ao dom divino de si, experimenta uma lamentável perda de graça em qualquer Missa. E é um erro muito próximo da estupidez considerar a Sagrada Comunhão como um "dever" periódico que deve ser cumprido uma vez ao mês ou uma vez ao ano.

Há ainda outro ponto que merece ser considerado no que se refere à força vital que a oração e os sacramentos oferecem. Já enfatizamos que a graça, em todas as suas formas, é um dom livre de Deus. Seja o começo da santidade com o Batismo ou o crescimento em santidade por meio da oração ou de outro sacramento, tudo isso é ação de Deus. Não importa que eu realize atos heroicos: sem a graça de Deus, eu não poderia salvar a mim mesmo. Contudo, não devo pensar na oração e nos sacramentos como fórmulas mágicas que me salvarão e santificarão apesar de minha atitude. Caso contrário, eu seria culpado daquele "formalismo" religioso do qual nós, católicos, somos acusados com frequência.

O formalismo religioso acontece quando uma pessoa acredita ser boa só porque adota certos movimentos, pronuncia certas orações e participa de

IV. FONTES DE VIDA

certas cerimônias. A acusação contra os católicos em geral é decididamente injusta, mas atinge qualquer um cuja vida espiritual se limite a recitar de modo automático e irrefletido certas orações prefixadas e a receber os sacramentos por costume ou senso de dever, sem o desejo consciente de uma união mais íntima com o Senhor. Em resumo, Deus só entra numa alma na medida em que ela o permite.

V. O QUE É O MÉRITO?

Certa vez, li num jornal que um homem havia construído uma casa para a sua família. Fizera quase todo o trabalho sozinho e gastara todas as economias com os materiais. Quando terminou, após muitos meses de trabalho, ele percebeu que a havia construído no terreno de outra pessoa. O proprietário do terreno se apossou do imóvel com toda a tranquilidade, e aquele que a havia construído não teve outra saída a não ser lamentar o tempo e o dinheiro perdidos.

Por mais triste que tenha sido aquela perda, ela não é nada se comparada ao homem ou à mulher que vive sem a graça santificante. Não importam os atos nobres ou grandiosos que uma pessoa nesse estado possa realizar: nem uma única de suas ações tem qualquer valor aos olhos de Deus. Seja porque não recebeu o Batismo ou por algum pecado mortal posterior, a alma que está de tal forma separada de Deus vive os seus dias em vão. As suas dores e sofrimentos, os seus sacrifícios e atos de bondade carecem de valor eterno; são todos inúteis no que se refere a Deus. Não há mérito em nada do que ela faça. Sendo assim, o que é o mérito?

O mérito costuma ser definido como a capacidade que uma boa ação tem de tornar aquele que a executa credor de uma recompensa. Qualquer um de nós concorda que, de modo geral, uma boa ação exige esforço. Trate-se de socorrer o pobre, de consolar o doente ou de ajudar o próximo, é fácil comprovar que há algum sacrifício nessa ação. Não é difícil notar que ações como essas têm um valor que pode justificar, ao menos potencialmente, uma recompensa. Contudo, elas não podem reivindicar alguma recompensa da parte de Deus se Ele não participou de sua execução. Não podem ter direito a qualquer recompensa divina se não houve comunicação entre Ele e a pessoa que realizou a ação. Por mais que um operário trabalhe, não poderá exigir compensação pelo trabalho se ele não teve o cuidado de verificar se o seu nome constava na folha de pagamento.

Por essa razão, somente a alma que está em estado de graça santificante pode ter ações meritórias. Na realidade, "estar" em estado de graça santificante é o que confere valor eterno à ação. As ações humanas, na medida em que são puramente humanas, não têm nenhum valor sobrenatural. Apenas quando essas ações são o trabalho do próprio Deus é que têm valor divino. E as nossas ações são, de certo modo, as ações do próprio Deus, que está presente na alma quando ela vive a vida sobrenatural que chamamos graça santificante.

V. O QUE É O MÉRITO?

Isso é tão verdadeiro que mesmo a menor de nossas ações tem valor sobrenatural quando executada em união com Deus. Qualquer coisa que Deus faça, mesmo através de nós como instrumentos livres e dotados de plena vontade, tem valor divino. Por essa razão, até a menor de nossas ações, sob a condição de que seja boa do ponto de vista moral, sempre terá mérito desde que tenhamos a intenção de fazer tudo por Deus.

Não surpreende a ninguém que ajudar o necessitado, fazer penitência ou doar recursos financeiros às missões sejam ações meritórias quando executadas em estado de graça santificante. Mas será que muitos ficarão surpresos ao saber que sacudir um tapete, cortar o cabelo de alguém ou tirar as ervas daninhas do jardim também são ações meritórias quando aquele que as executa vive em nível sobrenatural, ou seja, em estado de graça santificante? Para responder a essa pergunta, suponhamos que dois homens trabalhem juntos no mesmo escritório (ou na mesma fábrica, no mesmo armazém, na mesma fazenda...). Para um observador comum, os dois são muito parecidos. Ambos executam o mesmo tipo de trabalho, são casados, têm família e levam uma vida que poderíamos considerar "respeitável". No entanto, um deles é o que poderíamos chamar "laicista". Não segue nenhuma religião e raramente pensa em Deus. Segundo a sua filosofia de vida, depende somente dele construir a felicidade e conquistar tudo o que pretende na vida. "Se você não conseguir algo com as próprias mãos", diz, "ninguém conseguirá por você".

Ele não é um homem "mau". Ao contrário, é um sujeito admirável sob muitos aspectos. Trabalha como um touro, pois busca melhorar de posição e deseja oferecer o melhor aos seus. Realmente cuida da família, e tem muito orgulho de sua bela esposa, uma mulher especial e sempre disposta a ajudar, e de seus filhos, os quais vê como um prolongamento de si mesmo. "Eles são a única imortalidade que pretendo ter", diz aos amigos. É um indivíduo amistoso e agradável segundo a opinião dos que o conhecem, razoavelmente generoso, ativo na vida pública. Sua dedicação, franqueza, honestidade e bom senso não se baseiam em princípios religiosos. "Faço o que devo fazer", diz. "É meu dever como ser humano civilizado."

Esse é o retrato de um homem bom "natural". Todos nós já cruzamos com um desses. Ao menos exteriormente, ele consegue envergonhar muitos cristãos praticantes. No entanto, sabemos que lhe falta a mais importante de todas as coisas. Ele não está fazendo o que lhe compete fazer, não está se comportando da forma devida como ser humano enquanto não conhece a razão pela qual foi criado: para amar a Deus e mostrar esse amor fazendo a

V. O QUE É O MÉRITO?

vontade dEle — e fazendo-a por amor. Justamente por ser tão bom nas pequenas coisas, o nosso sentimento de pena é maior e as nossas orações por ele são mais carregadas de angústia.

Agora voltemos a nossa atenção ao outro homem, que trabalha ao lado. Este parece quase gêmeo do primeiro, tanto na família quanto no lar, no trabalho e na personalidade. Mas existe entre os dois uma diferença incalculável que um observador casual não perceberá facilmente. A diferença reside, antes de tudo, na "intenção". A vida do segundo não está baseada numa filosofia de decência comum ou num "senso de dever". Pelo menos não em primeiro lugar. Os amores e estímulos humanos que ele compartilha com toda a humanidade foram transformados por um amor mais elevado e um afã mais nobre: o amor a Deus e o desejo de fazer a vontade dEle.

A sua esposa não é apenas a sua companheira diante da lareira, mas também sua companheira diante do altar. Ele e ela são parceiros de Deus, ajudando-se mutuamente no caminho da santidade e cooperando com Deus na criação de novos seres humanos destinados à vida eterna. O amor dele por seus filhos não é mera continuação de si mesmo. Ele os vê como algo que Deus lhe encomendou solenemente; considera-se a si mesmo um guardião que um dia terá de responder por aquelas almas. O seu amor por eles e pela esposa é parte de seu amor a Deus. O seu trabalho não é somente uma oportunidade de prosperar e ter bens materiais, mas parte de sua responsabilidade paterna, o meio de arcar com as necessidades materiais de sua família; integra plano que Deus traçou para ele. Esse homem realiza o seu trabalho da melhor forma que pode porque compreende que este é um instrumento nas mãos divinas destinado a realizar a tarefa criadora de Deus no mundo. Para Deus, só o melhor é o suficiente. E os seus dias passam dessa forma. A sua afabilidade natural está imbuída de um espírito de caridade. A sua generosidade é absolutamente perfeita. O seu bom juízo participa da compaixão de Cristo. Não é que sempre pense nessas coisas ou que passe o dia consciente de sua retidão. Mas ele começa o seu dia direcionando-o para a meta desejada, para Deus, e não para si mesmo. "Senhor", diz, "ofereço-lhe todos os meus pensamentos, palavras, ações e sofrimentos deste dia..." Talvez até comece o dia da melhor forma possível: ouvindo a Missa.

Mas há algo mais, algo necessário para fazer desse indivíduo um verdadeiro homem "sobrenatural". A sua intenção reta é necessária, porém não suficiente. Para que tenham valor eterno, seus dias não só devem estar orientados para Deus, mas também devem ser vividos em união com Ele. Em outras

V. O QUE É O MÉRITO?

palavras, esse indivíduo deve viver em estado de graça santificante.

Na pessoa de Cristo, até suas ações mais insignificantes tinham valor infinito, uma vez que sua natureza humana estava unida à sua natureza divina. O que Jesus fazia, Deus fazia. Ocorre algo parecido conosco (apenas parecido). Quando estamos em estado de graça santificante, não "possuímos" a natureza divina, mas participamos da natureza de Deus; compartilhamos, de certo modo, a própria vida divina. E, como consequência, qualquer coisa que façamos — exceto o pecado —, Deus está fazendo *em* e *através* de nós. Nesse estado, Deus confere valor eterno a tudo o que fazemos. Quando nossa vida está centrada em Deus, até as nossas tarefas mais simples, como ajudar uma criança a assoar o nariz ou desentupir uma pia, logram um aumento de graça santificante e um grau mais elevado de glória no Céu. Eis o que significa viver em graça santificante — o que constitui o homem sobrenatural.

VI. O QUE É A VIRTUDE?

Você é uma pessoa virtuosa? A essa pergunta, a modéstia provavelmente lhe faria responder algo como: "Não muito." Contudo, se foi batizado e se encontra em estado de graça santificante, as três maiores virtudes estão consigo: as virtudes divinas da fé, da esperança e da caridade.

Se você cometesse um pecado mortal, perderia a virtude da caridade (o amor a Deus), mas ainda assim conservaria as virtudes da fé e da esperança.

Antes de continuar, talvez devêssemos lembrar o que significa a palavra "virtude". Na religião, a virtude é definida como "um hábito ou predisposição contínua que induz a pessoa a fazer o bem e evitar o mal". Se, por exemplo, você tem o costume de sempre dizer a verdade, isso significa que você tem a virtude da veracidade. Se tem o costume de ser estritamente honrado em relação aos direitos dos outros, você tem a virtude da justiça.

Se adquirimos uma virtude por nossas próprias forças, desenvolvendo um bom hábito de forma consciente, chamamos essa virtude de *virtude natural*. Vamos supor que decidimos desenvolver a virtude da veracidade. Nesse caso, passaremos a cuidar de nossa linguagem, esforçando-nos para não dizer nada que saibamos não ser verdadeiro. No começo, talvez pensemos que isso é fácil, especialmente quando dizer a verdade não nos causa inconvenientes ou dores de cabeça. Um hábito (bom ou mau), no entanto, é fortalecido mediante repetições sucessivas. Pouco a pouco, começaremos a achar mais fácil dizer a verdade quando os resultados forem dolorosos ou desagradáveis. Dizer a verdade chegará a ser quase uma segunda natureza nossa, de modo que dizer uma mentira irá "contra nós mesmos". Quando chegamos a esse ponto, adquirimos a virtude em definitivo.

Deus, contudo, pode infundir diretamente uma virtude em nossa alma sem que isso exija qualquer esforço de nossa parte. Mediante o seu poder onipotente, Ele pode conferir a uma alma o poder e a inclinação para executar certos atos sobrenaturalmente bons. Uma virtude dessa índole, um hábito conferido à alma diretamente por Deus, é chamada *virtude sobrenatural*. Entre as virtudes sobrenaturais estão as três principais, que são chamadas *teologais*: fé, esperança e caridade. Elas têm esse nome (também são chamadas de *divinas*) porque se referem diretamente a Deus. É em Deus que cremos, é em Deus que esperamos e é Deus que amamos.

Essas três virtudes são infundidas em nossa alma com a graça santificante no sacramento do Batismo. Até o recém-nascido tem essas três virtudes, embora

VI. O QUE É A VIRTUDE?

seja incapaz de exercitá-las até chegar à idade da razão. Uma vez que as recebemos, é difícil perdê-las. Nós só perdemos a virtude da caridade — a capacidade e a oportunidade de amar a Deus com um amor sobrenatural — se nos separarmos deliberadamente dEle por meio do pecado mortal. Quando a graça santificante se separa de nós, a caridade também se separa. Porém, ainda que a caridade tenha se separado, a fé e a esperança permanecem. Só perdemos a virtude da esperança com um pecado contra a esperança, um pecado de desespero, com o qual mostramos que não confiamos mais na bondade e na misericórdia de Deus. A esperança, sem dúvida, também pode ser perdida se a fé for perdida. Certamente não confiaremos num Deus em que não cremos. E a própria fé só será perdida por um pecado grave e direto contra a fé, quando a pessoa se recusa a acreditar naquilo que Deus revelou.

Além das três virtudes teologais ou divinas, há outras quatro virtudes sobrenaturais que nos são concedidas no Batismo, junto com a graça santificante. Por essas virtudes não se referirem diretamente a Deus, mas se relacionarem com a nossa atitude para com as pessoas e coisas, elas são chamadas de virtudes morais. Diferentemente da fé, da esperança e da caridade, todas as demais virtudes são virtudes morais. As quatro virtudes das quais estamos falando — as quatro virtudes morais sobrenaturais

O ESPÍRITO SANTO E SUA TAREFA

infundidas na alma com a graça santificante — são a prudência, a justiça, a fortaleza e a temperança.

Essas quatro virtudes têm um nome especial: são as *virtudes cardeais*. A palavra cardeal vem do latim *cardo*, que significa "dobradiça", "articulação". A prudência, a justiça, a fortaleza e a temperança são chamadas cardeais porque são virtudes "articuladoras", virtudes-chave, das quais dependem todas as outras virtudes morais. Se um homem é verdadeiramente prudente, justo, espiritualmente forte e moderado, então tem todas as demais virtudes morais. Poderíamos dizer que essas quatro virtudes contêm a semente de todas as outras. A virtude da religião, por exemplo, que nos inclina a oferecer a Deus a adoração que lhe é devida, brota da virtude cardeal da justiça. A religião é a mais elevada de todas as virtudes morais.

É interessante observar duas diferenças entre as virtudes naturais e as virtudes sobrenaturais. Uma virtude natural, pela própria razão de ter sido adquirida mediante a prática contínua e uma autodisciplina constante, torna fácil para nós a execução de um ato correspondente à virtude em questão. Chega-se a um ponto em que é mais agradável ser veraz do que não ser. Por outro lado, por ser infundida diretamente e não ser adquirida mediante ações repetidas, uma virtude sobrenatural não tem uma prática mais fácil. É bem possível imaginar

VI. O QUE É A VIRTUDE?

alguém que, com a virtude da fé em grau elevado, seja tentado por dúvidas de fé durante a vida.

Outra diferença entre a virtude natural e a virtude sobrenatural é a forma como cada uma cresce. Uma virtude natural, como a paciência, por exemplo, é aperfeiçoada mediante uma prática contínua e perseverante. Uma virtude sobrenatural, por outro lado, só recebe o incremento que Deus lhe dá na proporção da bondade moral de nossas ações. Em outras palavras, aquilo que aumenta a graça santificante também aumenta as virtudes infusas. Crescemos na virtude à medida que crescemos na graça.

O que queremos dizer exatamente quando falamos "creio em Deus", "espero em Deus", "amo a Deus"? Em nossas conversas diárias, usamos certas palavras de maneira um tanto leviana. É conveniente que, de vez em quando, reflitamos sobre o significado original e estrito das palavras que usamos.

A fé é um bom exemplo inicial. Das três virtudes divinas que nos são infundidas na alma quando do Batismo, a fé é a mais fundamental. É evidente que não podemos amar e esperar num Deus em que não cremos.

A fé divina é definida como "a virtude pela qual cremos firmemente em todas as verdades que Deus revelou por meio de sua palavra, que não pode se enganar nem nos enganar". Há duas frases-chave nessa definição: "Cremos firmemente" e "por meio de sua palavra". Elas merecem ser examinadas com mais atenção.

Crer é aceitar como verdadeiro. Cremos em algo quando damos a nossa concordância definitiva e indiscutível. Podemos ver o quão levianamente usamos essa palavra quando dizemos "creio que choverá amanhã" ou "creio que esse é o melhor verão que já tivemos". Em ambos os casos, expressamos simplesmente uma opinião. "Admitimos" que pode chover amanhã, "temos a impressão" de que esse foi o verão mais agradável que já tivemos. Isso é algo que devemos ter em mente: uma opinião não é realmente uma crença. Fé é certeza.

Mas nem toda certeza é fé. Não posso dizer que creio em algo se posso ver e compreender claramente esse algo. Não posso dizer que *creio* que dois mais dois são quatro. *Sei* que dois mais dois são quatro. Isso é algo que posso compreender e provar ao meu bel-prazer. Um conhecimento dessa índole, relativo a fatos que posso perceber e tocar, é antes denominado "ciência" do que "crença".

Crença — ou fé — é aceitar algo como verdadeiro "tomando por base o discernimento de outro". Nunca estive pessoalmente na China, mas muitas pessoas que estiveram lá me garantem que existe um país chamado China. Como confio nessas pessoas, acredito que a China existe. De forma análoga, não sei quase nada sobre física e muito menos sobre energia

VI. O QUE É A VIRTUDE?

nuclear. No entanto, apesar de nunca ter visto um átomo, creio que ele possa ser desintegrado, pois confio na competência dos homens que dizem que isso pode ser e já foi feito.

Esse tipo de conhecimento é o que chamamos de conhecimento da fé: trata-se de fatos aceitos com base no discernimento de outros em quem confiamos. Visto que há tantas coisas na vida que não entendemos e tão pouco tempo para que nós mesmos as investiguemos, podemos compreender que a maior parte de nosso conhecimento se baseia na fé. Se não tivéssemos confiança em nossos semelhantes, a vida não teria progresso nenhum. Se o sujeito diz: "Só acredito vendo" ou "Não creio em nada além daquilo que posso entender" e realmente pensa e age desse modo, então é certo que alcançará poucas coisas na vida.

O tipo de fé sobre o qual acabamos de falar — a aceitação de uma verdade com base no discernimento de outro ser humano — é denominado *fé humana*. O adjetivo "humana" distingue essa fé daquela outra que aceita uma verdade porque ela vem de Deus. Quando a nossa inteligência aceita uma verdade simplesmente porque Deus disse que é assim, a nossa fé é chamada *fé divina*. É óbvio que a fé divina é um conhecimento muito mais certo do que a fé humana. Embora não seja provável, é contudo possível que toda a capacidade perceptiva do homem possa ser objeto de

O ESPÍRITO SANTO E SUA TAREFA

erro sobre algum fato — como, por exemplo, quando todos os estudiosos ensinavam que a Terra era plana. Também é possível, ainda que não seja provável, que todos os testemunhos humanos sejam enganadores. Mas Deus não pode se enganar nem nos enganar. Ele é a Verdade e a Sabedoria infinitas. Em relação às verdades que nos revelou, não pode haver a mais remota sombra de dúvida. Por isso a fé verdadeira é sempre uma fé firme. Especular com dúvidas e de maneira consciente a respeito das verdades da fé é pôr em xeque a sabedoria infinita de Deus ou a sua infinita verdade. Pensar: "Há realmente Três Pessoas em Deus?" ou "Jesus está realmente presente na Sagrada Eucaristia?" é duvidar da credibilidade de Deus e negar a sua autoridade. Na verdade, é como rejeitar a fé divina.

Pela mesma razão, a verdadeira fé deve ser "completa". Seria absurdo achar que podemos eleger e escolher a nosso gosto as verdades que Deus nos revelou. Dizer "creio que existe um Céu, mas não creio que exista um inferno", ou "creio no Batismo, mas não creio na Confissão", é dizer, na realidade, que "Deus pode estar errado".

A fé de que estamos falando é a fé "sobrenatural", o ato de fé que brota da virtude infusa da fé divina. É perfeitamente possível ter uma fé puramente "natural" em Deus e em muitas de suas verdades. Uma fé como essa pode resultar das evidências da natureza,

VI. O QUE É A VIRTUDE?

que são uma prova do infinito poder e da infinita sabedoria do Ser Supremo. Essa fé também pode ser resultado da aceitação do testemunho de muitas pessoas sábias e notáveis, ou ainda da presença da Providência divina na própria vida. Uma fé "natural" assim é uma preparação para a fé genuinamente sobrenatural, que será infundida, junto com a graça santificante, na pia batismal. Mas apenas a fé sobrenatural, a virtude da fé divina que nos é concedida no Batismo, nos capacita a crer firmemente e por completo em *todas* as verdades que Deus revelou, inclusive nas mais inefáveis e misteriosas. Aqueles de nós que chegamos à idade da razão não conseguiríamos nos salvar sem essa fé. A "virtude" da fé, por si só, pode salvar uma criatura batizada; porém, quando se chega à idade da razão, faz-se necessário, além disso, um "ato" de fé.

VII. ESPERANÇA E AMOR

É doutrina de nossa fé cristã que Deus concede graça santificante o suficiente para que cada alma possa se salvar. Como consequência desse ensinamento, a virtude divina da esperança, que foi infundida em nossa alma no Batismo, se alimenta e cresce com o passar dos anos. A esperança é definida como a "virtude pela qual confiamos firmemente em que Deus, que é todo-poderoso e fiel a suas promessas, dar-nos-á em sua bondade a felicidade eterna e os meios para obtê-la". Noutras palavras, ninguém perde o Céu a não ser por própria culpa. No que diz respeito a Deus, nossa salvação é certa. É apenas de nossa parte — a depender de nossa cooperação ou não cooperação com a graça de Deus — que a salvação se perde.

É essa confiança que temos na bondade, no poder e na fidelidade de Deus que adoça e torna suportáveis as dificuldades da vida. Se a prática da virtude exige, algumas vezes, autodisciplina e renúncia, quiçá até a imolação do martírio, encontramos a força e a coragem necessárias nessa segurança de nossa vitória final.

A virtude da esperança é infundida na alma com o sacramento do Batismo, junto à graça santificante.

O ESPÍRITO SANTO E SUA TAREFA

Todavia, o batizado não pode deixar que essa virtude fique adormecida. Ao se chegar à idade da razão, a virtude deve encontrar uma forma de expressão no "ato" de esperança. Trata-se da convicção interna e da expressão consciente da confiança em Deus e na segurança de suas promessas. O ato de esperança deve ser parte eminente de nossas orações diárias. Este é um tipo de oração particularmente grato a Deus, já que expressa, ao mesmo tempo, o reconhecimento de nossa completa dependência dEle e a nossa confiança absoluta em seu amor por nós.

É evidente que o ato de esperança é imprescindível para se alcançar a salvação. Se tivéssemos dúvidas quanto à fidelidade de Deus em cumprir as suas promessas ou à eficácia de sua graça em vencer as debilidades humanas, estaríamos blasfemando contra Ele. Tampouco poderíamos nos defender contra os rigores da tentação ou praticar atos de uma caridade completamente desprendida. Em suma, não poderíamos ter verdadeira vida cristã se não tivéssemos certeza, confiança, no resultado final. Quão poucos de nós teríamos força o suficiente para perseverar no bem se tivéssemos apenas uma chance entre um milhão de ir para o Céu!

Também se entende que a nossa esperança deve ser "firme". Uma esperança fraca "encolhe" Deus — seja seu poder infinito, seja sua infinita bondade. Isso

VII. ESPERANÇA E AMOR

não quer dizer que não temeremos perder a alma. Mas esse temor será causado por uma falta de confiança em nós mesmos, e não por falta de confiança em Deus. Se até Lúcifer pôde rejeitar a graça, nós também temos, em nós mesmos, a capacidade de fracassar, mas esse fracasso não será de Deus. Só um tolo poderia dizer, ao se arrepender de um pecado: "Meu Deus, sinto tanta vergonha de ser tão fraco!"; alguém com esperança diria, antes: "Senhor, sinto tanta vergonha de me esquecer que sou tão fraco!". Um santo pode ser definido como aquela pessoa que nutre uma desconfiança absoluta quanto às próprias forças e a mais completa confiança em Deus.

Convém ter em mente ainda que, no fundo, a esperança cristã também está relacionada aos outros, e não somente a nós mesmos. Deus quer a salvação não só para mim, mas para todos os homens. Por isso, não devemos jamais nos cansar de rezar pelos pecadores e pelos pagãos, em particular por aqueles que são mais próximos de nós por laços de sangue ou de amizade. Os teólogos católicos ensinam que Deus nunca retira completamente a sua graça, nem mesmo dos pecadores mais empedernidos. Quando a Bíblia fala de Deus endurecendo o coração de um pecador (por exemplo, do Faraó que perseguiu Moisés), esta é apenas uma forma poética de descrever a própria reação do pecador. É o pecador que endurece o próprio coração ao resistir à graça de Deus.

E se uma pessoa querida para nós morrer aparentemente sem se arrepender no último momento, também não devemos perder a esperança e nos "entristecer como aqueles que não têm esperança". Até que nos encontremos novamente no Céu, nunca poderemos saber que impulsos da graça de Deus podem ter se lançado sobre aquela alma indômita na última fração de segundo de sua vida — graça que nós mesmos podemos ter conquistado com as nossas esperançosas orações.

Ainda que a confiança na Providência de Deus não seja exatamente o mesmo que a virtude divina da esperança, aquela, no entanto, está suficientemente ligada a esta para que mereça a nossa atenção. A confiança na Providência significa simplesmente que acreditamos que Deus ama cada um de nós com um amor infinito, um amor tão direto e pessoal que é como se fôssemos a única alma sobre a face da Terra. A essa fé se une a nossa crença em que Deus quer somente o nosso bem: em sua infinita sabedoria, Ele sabe o que é melhor para nós e, em seu poder infinito, pode nos proporcionar aquilo que mais nos convém.

Sobre essa sólida base de amor, cuidado, sabedoria e poder divinos, estamos seguros. Não caímos em desespero quando as coisas "vão mal". Quando os nossos planos dão errado, as nossas aspirações desmoronam e o fracasso parece nos espreitar a

VII. ESPERANÇA E AMOR

cada passo, podemos estar certos de que, de algum modo, Deus está atuando para que tudo se converta em nosso próprio bem. Nem mesmo o medo dos maiores males será capaz de nos derrubar, pois sabemos que até os próprios males que os homens produzem em abundância serão transformados por Deus em benefício de seus desígnios.

Essa mesma confiança na Providência de Deus vem em nossa ajuda quando nos acossa a tentação (e quem nunca foi tentado dessa forma?) de que somos mais inteligentes do que Deus, de que sabemos melhor do que Ele o que é mais conveniente para nós em determinadas circunstâncias. "Pode ser pecado, mas não podemos ter outro filho." "Talvez não seja uma coisa absolutamente honrada, mas preciso manter o meu negócio." "Eu sei que parece indigno, mas política é política." É precisamente quando desculpas como essas estão prestes a serem pronunciadas por nossos lábios que podemos vencê-las com a nossa confiança na providência de Deus. "É como se fazer o bem fosse me proporcionar apenas desgostos", dizemos, "mas Deus conhece as circunstâncias. Ele é mais inteligente do que eu e se preocupa comigo. Continuarei a seu lado".

A única das três virtudes divinas que ficará conosco para sempre é a virtude da caridade. No Céu, a fé se renderá ao conhecimento. Não haverá mais a necessidade de "crer" em Deus, a quem veremos em realidade. Também desaparecerá a virtude da esperança, visto que possuiremos a felicidade pela qual esperávamos. Já em relação à virtude da caridade, será somente nesse êxtase supremo, quando veremos Deus face a face, que ela alcançará o máximo de sua capacidade. Nessa hora, nosso amor por Deus, tão tímido e débil nesta vida, acender-se-á como uma bomba que explode. Ao nos unirmos ao Deus infinitamente amável, o único que pode satisfazer a capacidade do coração humano de amar, a nossa caridade poderá se expressar num ato de amor.

A caridade divina, que é infundida em nossa alma no Batismo junto com a fé e a esperança, é definida como "a virtude pela qual amamos a Deus sobre todas as coisas por si mesmo e ao nosso próximo como a nós mesmos por amor de Deus". Ela é chamada a Rainha das Virtudes. Outras virtudes, tanto morais quanto divinas, levam-nos "para" Deus, mas é a caridade que nos une a Ele. Onde existe a caridade, aí "devem" estar as outras virtudes. "Ama a Deus e faze o que quiseres", disse certo santo. É evidente que, se amamos verdadeiramente a Deus, só teremos prazer em fazer aquilo que agrada a Ele.

Uma pessoa poderia muito bem sentir um amor natural por Deus. Ao contemplar sua bondade, sua misericórdia e os infinitos atos que Ele realiza para o nosso próprio bem, poderíamos nos sentir movidos

VII. ESPERANÇA E AMOR

a amá-lO da mesma forma como amamos outra pessoa digna de ser amada. Na realidade, quem não teve a oportunidade de ser batizado (ou quem, estando em pecado mortal, não teve a oportunidade de se confessar) não poderia salvar a própria alma a não ser que fizesse um ato de perfeito amor a Deus, isto é, um amor sem egoísmo: precisaria amar a Deus apenas porque Ele é infinitamente digno de ser amado, apenas por Ele mesmo. Mesmo num ato de amor como esse, porém, seria necessária a ajuda de Deus na forma da graça atual. De todo modo, esse amor seguiria sendo um amor "natural".

É somente pelo fato de Deus habitar na alma, de gozarmos da vida sobrenatural a que chamamos graça santificante, que somos capazes de um ato sobrenatural de amor a Ele. Por conseguinte, a razão para que o nosso amor seja um amor sobrenatural está em que "realmente é o próprio Deus que ama a si mesmo através de nós". Para ilustrar esse ponto, poderíamos usar o exemplo do filho que compra um presente de aniversário para o pai usando (com a permissão do pai) o dinheiro do próprio pai para comprá-lo; ou o de uma criança que escreve uma carta para a mãe enquanto esta conduz a sua inexperiente mão. Da mesma forma, graças à vida divina que habita em nós, somos capazes de amar a Deus da forma adequada — guardadas as devidas proporções —, com um amor digno dEle, com um amor que, além disso, é agradável a Deus, apesar do fato de ser o próprio Deus quem de certo modo ama.

É essa mesma virtude da caridade (que sempre acompanha a graça santificante) que torna possível amarmos o nosso próximo com um amor sobrenatural. Por meio da caridade, não o amamos com um amor meramente natural: porque ele é uma pessoa agradável, porque combina conosco, porque nos damos bem ou porque, de certo modo, nos sentimentos atraídos por ele... Mediante essa virtude divina, tornamo-nos um veículo por meio do qual Deus, através de nós, ama o nosso próximo. A nossa ação se restringe simplesmente a nos entregar a Deus, a não colocar obstáculos no caminho do amor divino. A nossa missão consiste em ter boa vontade para com o próximo em razão de nosso próprio amor a Deus, uma vez que sabemos que isso é o que Ele quer. O "nosso próximo", além disso, é todo ser criado por Deus — os anjos e os santos no Céu (coisa simples), as almas no purgatório (fácil também) e todos os seres humanos vivos, "incluindo os nossos inimigos" (ai, ai, ai!).

É nesse ponto que tocamos o verdadeiro âmago do cristianismo. É aqui que nos encontramos com a Cruz. É aqui que demonstramos — ou deixamos de demonstrar — a realidade do nosso amor a Deus. É fácil amar nossa família e nossos amigos. É fácil amar "todo mundo" de forma vaga e genérica.

VII. ESPERANÇA E AMOR

Mas desejar o bem, rezar e estar pronto a ajudar o próximo que trabalha na mesa ao lado e que roubou a nossa namorada, ou aquela mulher do outro lado da rua que espalhou mentiras sobre nós, ou aquele parente que, mediante trapaças, roubou o dinheiro da tia Luísa, ou o criminoso do noticiário que raptou e matou uma criança de seis anos, aí é outra coisa. É certamente difícil perdoá-los — e mais difícil ainda amá-los. De fato, falando naturalmente, realmente não conseguimos amá-los. Mas, por meio da virtude divina da caridade, isso é possível. E nós *devemos* amá-los, pois de outra forma o nosso amor a Deus seria inútil e falso.

Devemos nos lembrar, contudo, de que o amor sobrenatural, seja por Deus ou por nosso próximo, não é necessariamente um amor "emocional". O amor sobrenatural reside primariamente na vontade, e não nas emoções. Podemos ter um amor profundo por Deus, provado por nossa fidelidade a Ele, sem que "sintamos" realmente esse amor. Amar a Deus significa simplesmente que estamos dispostos a renunciar a qualquer coisa em vez de ofendê-lO com algum pecado mortal. Dessa forma, podemos sentir um amor sobrenatural genuíno por nosso próximo, mesmo quando, num nível natural, sintamos uma forte repulsa por ele. Vou perdoar, por amor a Deus, o mal que ele me fez? Vou rezar por ele na esperança de que alcance a graça necessária para salvar a sua alma? Estou pronto para ajudá-lo se precisar de mim, apesar de minha repugnância inata? É aí, então, que sinto um amor sobrenatural pelo próximo. Quando isso acontece, a virtude divina da caridade está atuando dentro de mim. Consigo executar um ato de amor (ato que deveria realizar com frequência) sem hipocrisia ou de forma vã.

VIII. MARAVILHAS DENTRO DE NÓS

Um jovem que acabava de ser batizado disse: "Padre, o senhor sabe, há várias coisas maravilhosas que aconteceriam comigo quando eu fosse batizado, mas parece que não consigo perceber nenhuma delas. Eu me sinto aliviado em saber que todos os meus pecados foram perdoados e fico feliz ao pensar que agora sou uma criatura de Deus, um membro do Corpo Místico de Jesus. Porém, no que diz respeito ao fato de Deus morar em minha alma, à graça santificante e às virtudes da fé, esperança e caridade, bem como a todos os dons do Espírito Santo, bem... certamente não sinto nada disso."

Sem dúvida, não "sentimos" nada disso, pelo menos não com frequência. A enorme transformação que ocorre em nós no Batismo não é percebida em nosso corpo, em nosso cérebro, em nosso sistema nervoso ou em nossas emoções. Ela ocorre no mais recôndito de nosso ser, em nossa alma. Está além da análise intelectual ou das reações emocionais; mas se, por um milagre especial, pudéssemos arranjar algumas lentes que nos permitissem ver a nossa alma como ela realmente é no estado de graça santificante, quando está adornada com todos os dons sobrenaturais, tenho certeza de que caminharíamos como que num estado de embriaguez e de maravilhamento perpétuo diante da grandeza e do esplendor com que Deus nos equipou para enfrentar esta vida e para nos preparar para a vida eterna.

Incluídos nos ricos adornos que acompanham a graça santificante estão os sete dons do Espírito Santo. Esses dons — sabedoria, entendimento, conselho, fortaleza, ciência, piedade e temor a Deus — são qualidades infundidas na alma que facilitam a prática da virtude e fazem com que a alma responda aos movimentos da graça. Com a ajuda deles, a alma fica alerta para a silenciosa voz interior de Deus e dócil à sua mão, que nos guia suavemente. Poderíamos dizer que os dons do Espírito Santo constituem o "óleo" da alma tanto quanto a graça é sua força.

Vamos abordar cada um deles individualmente a partir de agora. O primeiro é o dom da sabedoria. A sabedoria nos dota de um senso exato de proporção, para que possamos estimar as coisas de Deus. Com ela, valorizamos a bondade e a virtude em seus verdadeiros significados e vemos os bens do mundo como ponto de partida para a santidade, e não como fins em si mesmos. O homem que deixa a partida de boliche para assistir à Missa está sendo guiado pelo dom de sabedoria, perceba isso ou não.

VIII. MARAVILHAS DENTRO DE NÓS

Em seguida vem o dom de entendimento. Esse dom nos concede uma percepção espiritual que nos permite entender as verdades da fé segundo as nossas necessidades. Um sacerdote, por exemplo, preferiria expor uma questão doutrinal a uma pessoa que está em estado de graça santificante do que a outra que não está. A primeira delas, com o dom do entendimento, compreenderá a questão com muito mais agilidade.

O terceiro dom, o do conselho, afia o nosso discernimento. Graças a ele, conseguimos avaliar e escolher o curso de nossas ações, que desse modo serão mais dignas e conduzirão à honra de Deus e ao nosso próprio bem espiritual. Quem toma uma decisão em estado de pecado mortal, seja em relação à vocação, ao trabalho, a um problema familiar ou a qualquer uma das escolhas que precisa fazer, dá um passo perigoso. Sem o dom do conselho, o discernimento humano é demasiado falível.

O dom da fortaleza quase se explica por si mesmo. Uma vida boa deve ser, de certo modo, uma vida heroica. Esse heroísmo de que precisamos para vencer o individualismo está sempre escondido. Algumas vezes nos é exigido um heroísmo ainda maior, quando fazer a vontade de Deus significa correr o risco de perder amigos, dinheiro ou saúde. E há também o heroísmo máximo dos mártires, em que a própria vida é sacrificada por amor a Deus.

O ESPÍRITO SANTO E SUA TAREFA

O Senhor não fortalece nossa fraqueza humana arbitrariamente.

O dom da ciência nos confere o *know-how* espiritual. Predispõe-nos a reconhecer, sob o impulso da graça de Deus, aquilo que nos ajudará ou prejudicará espiritualmente. Esse dom está intimamente relacionado ao dom de conselho. O conselho nos ajuda a escolher o que é conveniente para nós e a rejeitar o que pode nos fazer mal. Mas, antes de escolher, devemos *entender*. Por exemplo, mediante o dom de ciência, posso vir a entender que leituras vulgares em excesso estragam o meu gosto pelas coisas espirituais. Nessa situação, o dom de conselho pode me levar a deixar de comprar esses livros e me inspirar a ler regularmente livros espirituais.

O dom da piedade pode ser entendido de forma errada por qualquer um que acredite ser a piedade algo como mãos juntas, olhos baixos e orações longas. A palavra piedade abarca, em seu significado original, a atitude de uma criança em relação aos pais: uma mistura de amor, confiança e reverência. Quando manifestamos essa atitude de forma habitual para com o nosso Deus e Pai, estamos praticando a virtude da piedade. Esse é o dom que nos impulsiona a praticar a virtude, a manter uma atitude de intimidade infantil com Deus.

Por fim, há o dom do temor a Deus. Esse dom equilibra o da piedade. É desejável que olhemos para

VIII. MARAVILHAS DENTRO DE NÓS

Deus com olhos de amor, confiança e reverência, mas também é desejável que não nos esqueçamos de que Deus é o nosso Juiz, que Ele é toda a Justiça e que um dia teremos de prestar contas de todas as graças que nos concedeu. Quando nos lembramos disso, sentimos um temor grande de ofendê-lO com o pecado.

Sabedoria, entendimento, conselho, fortaleza, ciência, piedade e temor a Deus. Esses são os "óleos", os assistentes da graça, as predisposições para a santidade que nos são infundidas junto com a graça santificante no Batismo.

Em todos os catecismos que conheço, são listados os "doze frutos do Espírito Santo": caridade, alegria, paz, paciência, benignidade, bondade, longanimidade, mansidão, fé, modéstia, continência e castidade. Porém, até onde sei, raramente há uma só menção, ainda que passageira, desses doze frutos nas aulas de instrução religiosa. Mais raro ainda é ouvir falar deles nos sermões.

É triste que seja assim. Se um professor de botânica se propusesse a explicar uma macieira, certamente descreveria o tronco e a raiz, e explicaria como o sol e a umidade fazem com que a árvore cresça. Mas ele nem sonharia em terminar a explicação com uma afirmação brusca do tipo "nesta árvore crescem maçãs". A descrição da fruta da árvore seria considerada parte importante do ensino. Da mesma forma, não faz sentido falar sobre a graça santificante e as virtudes

O ESPÍRITO SANTO E SUA TAREFA

e dons que a acompanham sem fazer nada além de uma menção casual aos "resultados". Os frutos do Espírito Santo são precisamente isso: os frutos exteriores da vida interior, o produto exterior do Espírito que habita interiormente.

Usando outra metáfora, poderíamos dizer que os doze frutos são as pinceladas que delineiam o retrato de uma pessoa realmente cristã. Que tipo de pessoa é a que vive habitualmente em estado de graça santificante e que tenta, de forma perseverante, subordinar o seu eu à ação da graça?

Em primeiro lugar, é uma pessoa desapegada. Ela vê Cristo em seu próximo e é atenciosa e prestativa para com os outros, mesmo que isso lhe traga inconvenientes e dificuldades. Isso é caridade.

Em segundo lugar, é contente e agradável. Parece irradiar um esplendor interior que pode ser sentido em qualquer grupo de pessoas do qual faça parte. Quando ela está perto, é como se o sol brilhasse mais. Em sua presença, as pessoas sorriem com mais naturalidade e falam com mais desenvoltura. Isso é alegria.

Essa pessoa também é calma e sossegada. Os psicólogos diriam que é "equilibrada". As suas sobrancelhas podem se arquear por conta do pensamento ou da reflexão, mas raramente por conta das preocupações. É uma pessoa firme, segura, uma pessoa maravilhosa a quem recorrer em caso de necessidade. Isso é paz.

VIII. MARAVILHAS DENTRO DE NÓS

Ela também não se exalta com facilidade, não se enfurece com rapidez e não se ressente de coisas insignificantes. Quando as coisas vão mal ou quando as pessoas próximas agem com estupidez, não se chateia. Ela ainda é do tipo que pode fracassar seis vezes consecutivas e, no entanto, começa a sétima sem ranger os dentes ou maldizer a própria falta de sorte. Isso é paciência.

Trata-se, também, de uma pessoa amável. Os outros se aproximam dela com os seus desgostos e preocupações e encontram uma atenção sincera. Quando vão embora, sentem-se aliviados. Ela se interessa pelas alegrias e pelos problemas alheios. É atenta, em particular, com as crianças, os idosos, os infelizes e os desgraçados. Isso é benignidade.

Solidariza-se decididamente com o que é justo, inclusive quando isso significa ser excluída. Não se considera a única capaz de ter um juízo acertado; não julga os outros; é lenta para criticar e mais lenta ainda para condenar; e é compreensiva com a ignorância e a fraqueza dos outros. Mas ela nunca comprometerá um princípio básico: jamais ser transigente com o mal. Em sua própria vida religiosa, é invariavelmente generosa com Deus. Nunca busca o caminho mais fácil. Isso é bondade.

Do mesmo modo, não se queixa da dor, das dificuldades, da doença, da tristeza. Não tem pena de si mesma. Ergue os olhos cheios de lágrimas para o Céu em oração, mas se esforça por resistir. Isso é longanimidade.

É benevolente, uma pessoa tranquila. Manifesta interesse por qualquer tarefa que lhe seja apresentada, sem nenhuma agressividade. Não busca dominar os demais. Argumenta de modo persuasivo, mas nunca briga. Isso é mansidão.

Sente orgulho de ser membro do Corpo Místico de Cristo. No entanto, não tenta sufocar ninguém com a sua religião, tampouco passa o dia fazendo apologia de sua fé. Nem por isso, contudo, tenta escondê-la em público, e está pronta para defender a verdade quando esta é atacada na sua presença. Para ela, a religião é a coisa mais importante de sua vida. Isso é fé.

Seu amor a Jesus Cristo a faz tremer ante a ideia de ser aliada do demônio; de ser ocasião para que outra pessoa peque. Em sua forma de se vestir, de se portar e de falar, há uma decência que mais fortalece do que enfraquece a virtude dos outros. Isso é modéstia.

É ainda uma pessoa calma, com as paixões firmemente contidas pela razão e pela graça. Não se eleva às nuvens num dia e desce aos abismos no outro. Esteja comendo ou bebendo, trabalhando ou descansando, mostra um admirável controle sobre tudo o que faz. Isso é continência.

Tem grande reverência pelo poder de procriação que Deus lhe deu, uma santa admiração pelo fato de

VIII. MARAVILHAS DENTRO DE NÓS

que o Senhor compartilhou o seu poder criador com a humanidade; considera o sexo como algo precioso e sagrado, um vínculo de união que só deve ser usado no âmbito matrimonial e para o fim estabelecido por Deus. Para ela, o sexo nunca é fútil, uma fonte de autossatisfação. Isso é castidade.

Aí temos o perfil da pessoa cristã: caridosa, alegre, pacífica, benigna, bondosa, longânime, mansa, crente, modesta, contida e casta.

IX. AS VIRTUDES MORAIS

"A graça age sobre a natureza." Eis um axioma da vida espiritual. Significa simplesmente que, quando Deus nos dá a sua graça, não começa por aniquilar a nossa natureza humana, colocando depois a graça em seu lugar. Deus "adiciona" a graça ao que já somos. O efeito da graça e o uso que dela façamos estarão condicionados, em grande parte, à nossa atividade — física, mental ou emocional. A graça não pode transformar um homem de mente infantil num gênio; tampouco endireitar um corcunda. Em geral, a graça também não transforma um neurótico numa pessoa equilibrada.

Portanto, é de nossa responsabilidade retirar os obstáculos que impedem a ação da graça e tentar facilitar tanto quanto possível os efeitos dela. Não estamos falando de obstáculos morais, como o pecado ou o egoísmo — a oposição destes à graça é evidente. Estamos falando, na verdade, do que poderíamos chamar de obstáculos naturais, como a ignorância, um temperamento difícil ou hábitos maus e indesejáveis. Certamente, se a nossa atividade intelectual se reduzir ao noticiário e a programas populares, isso será um obstáculo à graça. Se a nossa agressividade nos conduzir à irritabilidade

O ESPÍRITO SANTO E SUA TAREFA

com muita rapidez, será um obstáculo também. Os nossos desleixos e a nossa falta de pontualidade também podem sê-lo se ofendem a caridade, uma vez que incomodam os outros.

As considerações anteriores são particularmente pertinentes quando tentamos examinar as virtudes morais.

As virtudes morais se diferenciam das virtudes teologais pelo fato de as primeiras nos disporem a levar uma vida boa do ponto de vista moral, ajudando-nos a tratar as pessoas e as coisas da forma adequada, ou seja, segundo a vontade de Deus. Temos essas virtudes em sua forma sobrenatural quando estamos em estado de graça santificante. A graça santificante nos confere certa predisposição para a prática dessas virtudes, junto a um mérito sobrenatural que conquistamos quando as praticamos. Essa predisposição é mais ou menos como a prontidão que a criança sente, em certa idade, para aprender a ler e a escrever. A criança, é claro, ainda precisa adquirir a técnica da leitura e da escrita, mas, enquanto isso, o seu organismo já está pronto, a potência está ali.

Será mais fácil compreender esse assunto se examinarmos individualmente algumas das virtudes morais. Nós sabemos que as quatro principais são as chamadas virtudes cardeais: prudência, justiça, fortaleza e temperança.

IX. AS VIRTUDES MORAIS

A prudência consiste no poder de formular juízos exatos. Uma pessoa de temperamento impulsivo, propensa a executar ações impensadas e temerárias, bem como a emitir juízos levianos, terá de trabalhar para superar esses obstáculos antes que a virtude da prudência possa atuar sobre ela com eficácia. Da mesma forma, é óbvio que, em qualquer circunstância particular, o próprio conhecimento e a experiência facilitarão o exercício da prudência. Uma criança tem a virtude da prudência em estado potencial, mas não se pode esperar que formule juízos prudentes em assuntos que são da competência de adultos, uma vez que lhe faltam o conhecimento e a experiência.

A segunda virtude cardeal é a justiça, que aperfeiçoa a nossa vontade (da mesma forma como a prudência aperfeiçoa a nossa inteligência) e protege os direitos de nosso próximo: o direito à vida, à liberdade, à santidade do lar, ao bom nome, à honra e aos bens materiais. O primeiro obstáculo que nos vem à imaginação, no que se refere a isso, é o preconceito. O preconceito nega ao homem os seus direitos por conta de sua cor, raça, nacionalidade ou religião. Outro obstáculo pode ser uma mesquinhez inata, um defeito de temperamento que talvez seja resultado de uma infância carente. Seja como for, é nosso dever tentar derrubar essas barreiras se queremos que a virtude da justiça atue com toda a sua capacidade dentro de nós.

A terceira virtude cardeal, a fortaleza, predispõe--nos a fazer o que é bom apesar de qualquer dificuldade. A perfeição da fortaleza é o exemplo dado pelos mártires, que preferiam morrer a pecar. Poucos de nós seremos chamados a tal grau de fortaleza. De todo modo, essa virtude nunca poderá atuar em nós, mesmo ao menor apelo feito à nossa coragem, enquanto não superarmos algumas barreiras, como o desejo exagerado de ser aceito, de pertencer, de ser "mais um" na multidão, ou o temor excessivo à opinião pública; o medo de ser criticado, menosprezado ou, ainda pior, ridicularizado.

A quarta das virtudes cardeais é a temperança, que nos predispõe a controlar nossos desejos e a utilizar de forma adequada o que atrai os sentidos. A temperança é especialmente necessária para moderar o uso da comida e da bebida, bem como para regular o prazer sexual no casamento. A virtude da temperança não amenizará, por exemplo, o vício em álcool. Para algumas pessoas, a única temperança verdadeira será a abstinência, assim como é a abstinência a única temperança verdadeira para os celibatários. A temperança não elimina, mas regula o desejo. Nesse caso, a retirada dos obstáculos consiste principalmente em evitar circunstâncias que excitariam o nosso desejo quando ele não poderia ser satisfeito em sã consciência.

Há outras virtudes morais além das quatro cardeais. Mencionaremos aqui mais algumas, e cada um de

IX. AS VIRTUDES MORAIS

nós, se for honrado o bastante, poderá descobrir seus próprios obstáculos. Há a piedade filial — e, por extensão, o patriotismo — que nos predispõe a honrar, amar e respeitar os nossos pais e a nossa pátria; há a obediência, que nos inclina a fazer a vontade de nossos superiores como manifestação da vontade de Deus; e há ainda a veracidade, a liberalidade, a paciência, a humildade, a castidade, entre outras. Porém, se formos prudentes, justos, corajosos e moderados, as demais virtudes se seguirão necessariamente, como uma criança atrás do pai e da mãe.

Então é isso que significa ter "espírito cristão"? Essa não é uma definição fácil. Evidentemente, trata-se de possuir o espírito de Cristo; o que, por sua vez, consiste em ver o mundo como Cristo vê e comportar-se diante das circunstâncias como Cristo se comportaria. O espírito cristão está bem resumido nas oito bem-aventuranças, com as quais Jesus iniciou o seu belo Sermão da Montanha.

Quanto a isso, o Sermão da Montanha é uma passagem da Bíblia que todos devemos ler de vez em quando em toda a sua extensão. Encontra-se nos capítulos cinco, seis e sete do Evangelho de São Mateus e é o resumo dos ensinamentos de Nosso Salvador. Mas voltemos às bem-aventuranças.

"Bem-aventurados os pobres de espírito", disse Jesus, "pois deles é o Reino dos Céus". Essa é a primeira das bem-aventuranças, e ela nos lembra que o

Céu é para os humildes. Pobre de espírito é aquele que não se esquece de que tudo o que ele é, tudo o que tem, provém de Deus. Saúde, talento, posses ou até uma criatura nascida de nossa própria carne — não temos nada que possamos chamar de nosso em sentido absoluto. Devido a essa pobreza de espírito, a essa propensão a devolver a Deus qualquer um de seus dons que Ele queira tomar, a própria adversidade, quando chega, constitui um chamado de Deus à graça e ao mérito. Trata-se de uma promessa de que o Deus a quem estimamos acima de todas as coisas será, de fato, a nossa recompensa eterna. Repitamos com Jó: "O Senhor deu, o Senhor tirou; bendito seja o nome do Senhor!" (1, 21).

Jesus enfatiza esse ponto repetindo o mesmo pensamento na segunda e terceira bem-aventuranças. "Bem-aventurados os mansos", disse, "pois herdarão a terra". A "terra" à qual Jesus se refere é uma imagem poética do Céu. E isso vale para todas as bem-aventuranças: o Céu é a recompensa prometida, em linguagem figurada, em cada uma delas. Os "mansos" dos quais Jesus fala na segunda bem-aventurança não são essas figuras sem iniciativa que o mundo chamaria tímidos. Os realmente mansos são tudo, menos impotentes, pois é necessário ter grande força interior para aceitar as dificuldades, desgraças e desastres da vida e ainda manter a mente elevada, sem perder a confiança em Deus.

IX. AS VIRTUDES MORAIS

"Bem-aventurados os que choram", segue Cristo na terceira bem-aventurança, "pois serão consolados". Como na primeira e na segunda, algo que nos impressiona é a compaixão de Jesus pelos pobres, pelos desafortunados, pelos que choram e pelos que sofrem. Aqueles que consideram a própria dor uma participação no castigo da humanidade pecadora e a aceitam sem protestar, em união com a Cruz de Cristo, são os que ocupam o primeiro lugar na mente e no coração de Jesus. São os que dizem junto com São Paulo Apóstolo: "Tenho para mim que os sofrimentos da presente vida não têm comparação alguma com a glória futura que nos há de ser manifestada" (Rm 1, 18).

Porém, ao mesmo tempo que devemos carregar os nossos próprios fardos com bravura e esperança, não devemos tolerar injustiças cometidas contra os outros. Por mais prontos que estejamos a adiar a nossa própria felicidade material, somos obrigados, por outro lado, a buscar a felicidade alheia. A injustiça não só destrói a felicidade temporal de quem a sofre como coloca em risco a sua felicidade eterna. Não há dúvida quanto a isso, seja uma injustiça econômica que oprima o pobre (o imigrante sem recursos, o trabalhador agrícola, o que mora em cavernas, o que mora na cidade), seja a injustiça racial que degrade a nosso irmão, seja uma injustiça moral que atrapalhe a ação da graça (as revistas expostas na banca de seu bairro

O ESPÍRITO SANTO E SUA TAREFA

o incomodam?). Devemos ter zelo pela justiça, quer em relação a um trato justo com o nosso irmão, quer em relação à justiça, mais alta, para com Deus, a qual consiste na ausência de pecado, tanto em nós quanto no próximo. Essas são algumas das consequências da quarta bem-aventurança: "Bem-aventurados os que têm fome e sede de justiça, pois serão saciados." Saciados no Céu; jamais aqui.

"Bem-aventurados os misericordiosos, pois alcançarão misericórdia." É tão difícil perdoar aqueles que nos ofendem, tão difícil ser paciente com os fracos, os ignorantes, os mal-humorados... Mas a essência do espírito cristão é essa. Não pode haver perdão para aqueles que não querem perdoar.

"Bem-aventurados os limpos de coração, pois verão a Deus." A sexta bem-aventurança não se refere, como muitos pensam, à castidade. Refere-se à falta de egoísmo. Deve-se considerar tudo, em primeiro lugar, a partir do ponto de vista de Deus, e não do nosso. Trata-se de colocar Deus em primeiro lugar, sem traição ou transigência.

"Bem-aventurados os pacificadores, pois serão chamados de filhos de Deus." Quando ouço Jesus dizer isso, devo perguntar a mim mesmo se sou um centro de paz e harmonia em meu próprio lar, uma ilha de boa vontade entre os meus vizinhos, um apaziguador de discórdias no local onde trabalho. Esse é um caminho seguro para o Céu.

IX. AS VIRTUDES MORAIS

"Bem-aventurados os que sofrem perseguição por causa da justiça, pois deles é o Reino dos Céus." Com a oitava bem-aventurança, baixamos a cabeça envergonhados: olhamos para os pequenos inconvenientes que a nossa religião nos causa e pensamos — rezando — nas almas torturadas de nossos irmãos que vivem onde não há liberdade religiosa.

X. O ESPÍRITO SANTO E A IGREJA

Quando um sacerdote instrui um possível converso, explica-lhe muito prontamente, ao longo da instrução, o significado do amor perfeito a Deus. Expõe-lhe o que é um ato perfeito de contrição, visto que não há motivos para que, tendo de esperar meses antes de receber o sacramento do Batismo, o convertido tenha de viver esse tempo em pecado. Um ato de amor perfeito a Deus, que inclui o desejo de ser batizado, limpará a sua alma antes que ele receba o sacramento.

O futuro convertido, é claro, alegra-se em saber desse fato. E tenho certeza de ter derramado a água sobre a cabeça de muitos adultos que já estavam em estado de graça santificante, pois já haviam praticado atos de amor perfeito a Deus e recebido o desejo do Batismo. Ainda assim, em cada um daqueles casos, o convertido mostrou grande tranquilidade e alegria ao finalmente receber o sacramento, pois até aquele momento não podia estar certo de que os seus pecados haviam sido apagados. Por mais que tentasse intensamente fazer um ato de amor perfeito, ele nunca sabia se tinha mesmo conseguido.

O ESPÍRITO SANTO E SUA TAREFA

Quando, porém, a água salvadora escorreu sobre a sua cabeça, era possível saber com certeza que Deus chegara até ele.

São Paulo, sem dúvida, afirmou que nem o melhor de nós pode ter total segurança de que se encontra em estado de graça santificante. A certeza moral, no entanto, é tudo o que pedimos — esse tipo de certeza que temos quando somos batizados ou, no caso do sacramento da Penitência, absolvidos. A tranquilidade e a consoladora confiança que essa certeza traz indica uma das razões por que Jesus Cristo estabeleceu uma Igreja visível. As graças que conquistou para nós no Calvário poderiam ter chegado a cada alma individual direita e invisivelmente, sem precisar de cerimônias ou sinais externos. No entanto, reconhecendo a necessidade humana de uma segurança visível, Jesus decidiu que os símbolos visíveis seriam o canal para as suas graças. Desse modo, instituiu os sacramentos para que soubéssemos quando e qual graça recebíamos em cada caso. E alguns sacramentos precisavam de um intermediário visível no mundo que fosse o seu guardião e distribuidor. Esse agente visível é a Igreja por Ele estabelecida.

A necessidade de uma Igreja não se limitava, é claro, à necessidade de se ter um guardião e um administrador dos sacramentos. Não era possível esperar que alguém buscasse os sacramentos, a menos que soubesse o que são. Não era possível esperar

X. O ESPÍRITO SANTO E A IGREJA

que alguém acreditasse em Cristo, a menos que soubesse quem Ele era. A não ser que toda a vida de Jesus — e a sua morte — fosse em vão, teria de haver uma voz viva no mundo que proclamasse os seus ensinamentos ao longo dos séculos: uma voz audível e um "orador" visível que todos os homens de boa vontade pudessem reconhecer como alguém dotado de autoridade. Dessa forma, Jesus fundou a sua Igreja não apenas para santificar a humanidade por meio dos sacramentos, mas, em primeiro lugar, para ensinar as verdades que Ele ensinou, as verdades necessárias para a salvação.

Um rápido momento de reflexão nos fará compreender o fato de que, se Jesus não tivesse fundado uma Igreja, o próprio nome Jesus Cristo seria estranho para nós hoje em dia.

Mas não nos basta ter a graça disponível nos sacramentos visíveis da Igreja visível. Também não basta que a verdade seja proclamada diante de nós por meio da voz viva da Igreja. Precisamos saber o que fazer por Deus. Precisamos de um guia ao lado do qual nos sintamos seguros, para que ele nos indique o caminho a seguir em conformidade com a verdade que conhecemos e as graças que recebemos. Assim como seria inútil uma Constituição se não tivéssemos um governo que a interpretasse e fortalecesse mediante as leis apropriadas, o corpo da Revelação deve ser interpretado por leis pertinentes. Como

O ESPÍRITO SANTO E SUA TAREFA

uma pessoa se transforma em membro da Igreja de Cristo e como permanece nesse estado, no qual pode receber este ou aquele sacramento, e quando, e como? Essas são as perguntas que a Igreja responde ao promulgar as suas leis, ao cumprir, em nome de Jesus Cristo, o seu terceiro dever: *governar*.

A Igreja, sabemos, é definida como "a congregação de todas as pessoas batizadas, unidas na mesma fé verdadeira, no mesmo sacrifício, nos mesmos sacramentos, sob a autoridade do Soberano Pontífice e dos bispos em comunhão com ele". Uma pessoa ingressa na Igreja recebendo o sacramento do Batismo e continua sendo membro da Igreja enquanto não se separar dela pelo cisma (negando ou desafiando a autoridade do Papa), pela heresia (negando uma ou mais das verdades de fé proclamadas pela Igreja), pela excomunhão (sendo expulso por conta de algum pecado grave do qual não tenha se arrependido). No entanto, mesmo essa pessoa, se foi validamente batizada, ainda é essencialmente membro da Igreja e deve observar as suas leis, a menos que esteja especificamente isenta disso.

Até este momento, olhávamos a Igreja apenas de fora. Porém, assim como um homem é mais do que o seu corpo físico visível, a Igreja também é infinitamente mais do que uma organização visível. É a alma do homem que faz dele um ser humano, e é a alma da Igreja que faz dela, ao mesmo tempo, uma

X. O ESPÍRITO SANTO E A IGREJA

organização e um organismo vivo. Da mesma forma como a habitação das três Pessoas divinas confere à alma a vida sobrenatural a que chamamos graça santificante, a habitação da Santíssima Trindade na Igreja confere a ela uma vida inextinguível, uma vitalidade eterna. Visto que a obra da salvação (que é a atuação do Amor Divino) é aplicada ao Espírito Santo por atribuição, este é considerado, portanto, a "alma" da Igreja, cuja cabeça é Cristo.

Deus modelou o corpo de Adão com o pó da terra e — na maravilhosa imagem bíblica — soprou uma alma em seu corpo, fazendo com que se transformasse num homem vivo. Ele criou a sua Igreja viva de forma parecida, projetando o Corpo dela na Pessoa de Jesus Cristo. Isso aconteceu ao longo de três anos: desde o primeiro milagre público de Jesus em Caná até a sua Ascensão aos Céus. Durante esse tempo, Jesus escolheu os doze Apóstolos, destinados a serem os primeiros bispos de sua Igreja. Também os instruiu e treinou na tarefa de estabelecer o Reino de Deus. Durante esse mesmo período, idealizou os sete sacramentos, canais através dos quais transcorreriam para a alma dos homens as graças que Ele conquistaria para a humanidade na Cruz.

Ao mesmo tempo, Jesus confiou aos Apóstolos uma tripla missão, que seria a tripla missão de sua Igreja. A missão de ensinar: "ide, pois, e ensinai a todas as nações [...]. Ensinai-as a observar tudo o que

O ESPÍRITO SANTO E SUA TAREFA

vos prescrevi" (Mt 28, 19-20). A missão de santificar: "Batizai-as em nome do Pai, do Filho e do Espírito Santo" (Mt 28, 19). "Isto é o meu corpo [...]. Fazei isto em memória de mim" (Lc 22, 19). "Àqueles a quem perdoardes os pecados, lhes serão perdoados; àqueles a quem os retiverdes, lhes serão retidos" (Jo 20, 23). E a missão de governar em seu nome: "Se recusar ouvir a Igreja, seja ele para ti como um pagão e um publicano [...]. Tudo o que ligardes sobre a terra será ligado no céu, e tudo o que desligardes sobre a terra será também desligado no céu" (Mt 18, 17-18). "Quem vos ouve, a mim ouve; e quem vos rejeita, a mim rejeita" (Lc 10, 16).

Outra preocupação de Jesus, quando da constituição do Corpo Místico de sua Igreja, foi a de fornecer direção para o seu Reino na Terra. Foi o Apóstolo Simão, filho de João, o escolhido por Jesus para esse posto, e ao fazer isso Ele mudou o nome de Simão para Pedro, que significa "pedra". Aqui está a promessa: "Feliz és, Simão, filho de João [...]. Eu te declaro: tu és Pedro, e sobre esta pedra edificarei a minha Igreja; as portas do inferno não prevalecerão contra ela. E eu te darei as chaves do Reino dos Céus" (Mt 16, 17-19). Essa foi a sua promessa, e, após ressuscitar, Jesus cumpriu o prometido, como lemos no capítulo 21 do Evangelho de São João. Depois de conseguir de Pedro uma declaração de amor repetida por três vezes ("Simão, filho de João, tu me amas?"), Jesus fez

X. O ESPÍRITO SANTO E A IGREJA

de Pedro o pastor supremo de seu rebanho. "Apascenta as minhas ovelhas", disse, "apascenta os meus cordeiros". O rebanho completo de Cristo — as ovelhas e os cordeiros; os bispos, sacerdotes e fiéis — ficaria sob a jurisdição de Pedro. Aliás, de Pedro e de seus sucessores, porque Jesus, é claro, não veio à terra apenas para salvar as almas dos contemporâneos dos Apóstolos: veio para salvar todas as almas, enquanto houver almas para salvar.

Por meio do sacramento da Ordem, o triplo dever (e poder) dos Apóstolos — ensinar, santificar e governar — seria transmitido por eles aos homens ordenados e consagrados para continuarem o seu trabalho. Os bispos de hoje são os sucessores dos Apóstolos. Cada bispo recebeu o seu poder episcopal numa continuidade ininterrupta desde Cristo e através dos Apóstolos. E o poder supremo de Pedro, tornado a cabeça de todos por Cristo, reside hoje no Bispo de Roma, a quem carinhosamente chamamos Santo Padre. Assim aconteceu segundo os desígnios da Providência, porque Pedro foi a Roma e lá morreu como o primeiro bispo daquela cidade. Consequentemente, quem é Bispo de Roma é automaticamente o sucessor de Pedro e, portanto, detém o poder especial daquele Apóstolo como mestre e governante da Igreja universal.

Dessa forma, pois, é o Corpo de sua Igreja, tal como Jesus Cristo a constituiu: não simplesmente

O ESPÍRITO SANTO E SUA TAREFA

uma irmandade invisível de homens unidos por laços de graça, mas uma "sociedade visível" com um governo e direção autorizados. É o que chamamos de *sociedade hierárquica*, com as sólidas e admiráveis proporções de uma pirâmide. No topo está o Papa, rei espiritual dotado de autoridade espiritual suprema; imediatamente depois estão os outros bispos, cuja jurisdição, cada qual em sua própria diocese, se estende conjuntamente com a do sucessor de Pedro; a seguir estão os sacerdotes, aos quais o sacramento da Ordem dá o poder de santificar (tanto na Missa quanto nos sacramentos), mas não de jurisdição (ensinar e governar), pois o sacerdote só possui o poder de jurisdição se este lhe for delegado pelo bispo ao qual lhe foi ordenado ajudar; por fim, está a grande base do "Povo de Deus": as almas batizadas, para cujo bem existe todo o resto.

Repitimos: esse é o Corpo da Igreja tal como Jesus o instituiu durante os seus três anos de vida pública. Como o corpo de Adão, ela só esperava receber a própria alma, que Cristo lhe prometeu quando disse aos Apóstolos antes da Ascensão: "Descerá sobre vós o Espírito Santo e vos dará força; e sereis minhas testemunhas em Jerusalém, em toda a Judeia e Samaria, e até os confins do mundo" (At 1, 8). Já conhecemos muito bem a história do Domingo de Pentecostes — o décimo dia após a Ascensão do Senhor e o quinquagésimo após a

X. O ESPÍRITO SANTO E A IGREJA

Páscoa (Pentecostes significa justamente "quinquagésimo"). "Apareceu-lhes [aos Apóstolos] então uma espécie de línguas de fogo, que se repartiram e pousaram sobre cada um deles, e ficaram todos cheios do Espírito Santo" (At 2, 3-4). Dessa forma, o corpo tão maravilhosamente modelado por Jesus durante três pacientes anos começou a existir. O corpo vivo se levantou e começou a andar. Foi o nascimento da Igreja de Cristo.

XI. NÓS SOMOS A IGREJA

O que é o ser humano? Poderíamos responder a essa pergunta dizendo que o ser humano é um animal que caminha sobre os membros posteriores e que consegue raciocinar e falar. E essa definição estaria correta... mas não abarcaria tudo. Ela apenas nos daria a aparência do ser humano visto desde fora e deixaria de expressar o que há de mais maravilhoso no homem: o fato de ter uma alma espiritual, imortal.

E o que é a Igreja? Poderíamos responder a essa questão analisando a Igreja também em seu aspecto exterior. Poderíamos defini-la (e com muita frequência o fazemos) dizendo que é a associação de todas as pessoas batizadas unidas na única fé verdadeira sob a autoridade do Papa, o sucessor de São Pedro.

Porém, quando definimos a Igreja nesses termos e descrevemos a organização hierárquica formada pelo Papa, bispos, sacerdotes e fiéis, devemos nos lembrar que estamos definindo a Igreja "jurídica", ou seja, considerando a Igreja uma organização, uma sociedade pública cujos membros e dirigentes estão unidos entre si por laços legais e visíveis de união. Assemelha-se à forma como os cidadãos de uma nação estão unidos por laços legais e visíveis de cidadania. Os Estados Unidos, por exemplo, são uma sociedade "jurídica".

Jesus Cristo de fato estabeleceu a sua Igreja como uma sociedade jurídica. Era preciso que fosse uma organização visível para cumprir a sua missão de ensinar, santificar e reger a humanidade. O Papa Pio XII, em sua encíclica sobre o Corpo Místico de Cristo, chama a atenção para esse ponto. O Santo Padre também destaca que a Igreja, como organização visível, é a mais perfeita entre todas as sociedades, pois tem o mais nobre dos objetivos: a santificação de seus membros para a glória de Deus.

Na encíclica, contudo, o Santo Padre lembra que a Igreja é muitíssimo mais do que uma organização jurídica. Trata-se do verdadeiro Corpo de Cristo, um corpo tão especial que ganhou um nome especial: Corpo Místico. Cristo é a cabeça do corpo; cada alma batizada é uma parte viva, um "membro" dele; e a alma desse corpo, do Corpo Místico de Cristo, é o Espírito Santo.

Pio XII nos adverte: "Somos aqui confrontados com a questão de um mistério, que pode ser observado apenas de modo parcial e obscuro neste exílio terreno." Mas vamos tentar observá-lo mesmo assim, dentro de sua obscuridade.

Sabemos que o próprio corpo humano é composto de milhões de células individuais, atuando em conjunto para o bem do corpo inteiro, sob a

XI. NÓS SOMOS A IGREJA

direção da cabeça. As diversas partes do corpo não se ocupam apenas de atividades particulares. Cada uma atua sempre para o bem do conjunto. A visão e os outros sentidos oferecem os seus conhecimentos para o uso de todo o corpo; os pés conduzem o corpo aonde ele quiser ir; as mãos trazem o alimento à boca; o estômago assimila os nutrientes; o coração e os pulmões enviam sangue e oxigênio a cada parte do todo. Todos vivem e trabalham uns para os outros. E, claro, é a alma que dá vida e unidade a todas essas partes individuais, a todas essas células particulares. Quando o aparelho digestivo transforma o alimento em substância corporal, as novas células não são acrescentadas casualmente "sobre" o corpo, como um revestimento que gruda na pele, mas se transformam em parte viva do corpo ativo, pois a alma está presente nas novas células da mesma forma como no resto.

Por analogia, podemos aplicar o que foi visto acima ao Corpo Místico de Cristo. Quando somos batizados, o Espírito Santo toma posse de nós mais ou menos como a nossa alma toma posse das novas células. O Espírito Santo é, ao mesmo tempo, o Espírito de Cristo, que, conforme as palavras do Papa Pio XII, "se compraz em morar na alma amada de nosso Redentor como em seu mais querido altar. [...] Cristo alcançou méritos para nós em união com o Espírito sobre a Cruz, derramando o seu próprio sangue. [...] Mas, após a glorificação de Cristo sobre a Cruz, o seu Espírito é comunicado à Igreja de forma abundantíssima, de modo que ela e os seus membros individuais possam se transformar, dia a dia, mais e mais, em nosso Batismo. A 'Alma da Alma' de Cristo se transforma na alma de nossa alma também". "Cristo está em nós através de seu Espírito", continua o Santo Padre, "o qual Ele nos dá, e através do qual atua dentro de nós, de tal forma que toda a atividade divina do Espírito Santo dentro de nossas almas deve ser igualmente atribuída a Cristo".

Essa é, portanto, a Igreja vista "desde dentro". Uma sociedade jurídica, sim, com uma organização visível instituída pelo próprio Cristo; mas, mais do que isso, um "organismo" vivo, um corpo vivo, tendo Cristo como Cabeça, nós (os batizados) como membros e o Espírito Santo como alma. Um corpo vivo do qual podemos nos separar por heresia, cisma ou excomunhão, assim como um membro de nosso corpo pode ser separado de nós pelo bisturi de um cirurgião. Um corpo de cujos membros o pecado mortal, como um fio atado ao redor de um dedo, pode cortar a circulação, até que o torniquete seja retirado por meio do arrependimento. Um corpo em que todo membro se beneficia de cada Missa que é celebrada, de cada oração que é pronunciada e de cada boa ação executada por outro membro, em

XI. NÓS SOMOS A IGREJA

qualquer parte do mundo. Esse é o Corpo Místico de Cristo.

A Igreja é o Corpo Místico de Cristo, e eu sou um de seus membros. O que isso significa para mim? Sabemos que no corpo humano cada parte tem uma missão a cumprir: o olho tem de ver, o ouvido tem de ouvir, o coração precisa fazer o sangue fluir etc. E quanto a mim? Há uma missão que eu deva cumprir no Corpo Místico de Cristo? Todos sabemos que a resposta a essa pergunta é "sim". Sabemos, além disso, que há três sacramentos por meio dos quais Jesus Cristo nos atribui nossas missões.

Em primeiro lugar, há o sacramento do Batismo, pelo qual nos tornamos membros do Corpo Místico. Costuma-se dizer que pelo Batismo somos "incorporados" a Cristo. A palavra "incorporado" vem do latim *corpus*, que significa "corpo". A palavra completa em latim é *incorporatus*, que significa "feito parte do corpo". O alimento se incorpora a nós quando se transforma em células vivas, tornando-se parte viva de nosso organismo. É isso o que ocorre conosco quando somos batizados: somos "incorporados" a Cristo.

Uma vez unidos a Jesus com essa união tão íntima, Ele nos torna participantes, dentro de nossas limitações, de tudo o que Ele é e de tudo o que tem. Torna-nos participantes, em especial, de seu sacerdócio eterno. Participamos, com Cristo, da tremenda tarefa de oferecer uma adoração digna à Santíssima Trindade. O cristão batizado, exercendo conscientemente o sacerdócio comum, do qual participa em Cristo, participa da Missa de uma forma que uma pessoa não batizada jamais poderia participar.

Porém, também adoramos a Deus de outras formas além da Missa. Adoramos a Deus na oração e no sacrifício, na prática das virtudes da fé, da esperança e da caridade, especialmente por meio desta última. Caridade é amor, amor a Deus, amor às almas criadas por Ele e amor às almas pelas quais Jesus morreu. Como membros do Corpo Místico de Cristo, como participantes de seu sacerdócio eterno, o zelo nos leva a trabalhar ativamente com Cristo em seu trabalho de redenção. Para sermos fiéis à nossa vocação como cristãos batizados, devemos ter esse zelo pelas almas; devemos ser apóstolos, todos nós; se não pertencemos ao clero, devemos ser "apóstolos laicos".

Ambas as palavras vêm do grego: *apóstolo* significa "aquele que é enviado". Os doze homens que Jesus enviou ao mundo para estabelecer a sua Igreja são chamados os doze Apóstolos, com inicial maiúscula. Mas eles não seriam os únicos apóstolos para sempre. Na pia batismal, Jesus envia cada um de nós para continuar a obra que os Doze começaram. Nós também somos apóstolos, mas com "a" minúsculo.

XI. NÓS SOMOS A IGREJA

A palavra "laico" também vem do grego e significa simplesmente "povo". Nós sabemos que na Igreja há classificações muito abrangentes de seus membros. Temos o *clero*, expressão que inclui os bispos, sacerdotes e seminaristas que receberam a tonsura, primeiro passo no caminho do sacerdócio; temos os *religiosos*, homens e mulheres que levam uma vida de comunidade e fazem votos de pobreza, castidade e obediência; e, em terceiro lugar, temos os *laicos*, também conhecidos como leigos: o povo, as pessoas. Essa palavra acolhe todos os batizados que não são clérigos nem religiosos.

Essas três classes, somadas, constituem o Corpo Místico de Cristo. Não apenas o clero, nem o clero e os religiosos, mas sim o clero, os religiosos e os leigos, as três classes unidas num corpo, constituem a Igreja de Cristo. Nesse corpo, cada uma das três tem a sua função própria, mas todas gozam de uma coisa em comum: não importa a qual classe pertençamos, cada um de nós recebe, por ter sido batizado, o chamado para ser apóstolo, cada qual conforme o próprio estado.

O sacerdócio eterno que Jesus distribui entre nós no Batismo nos torna participantes dEle de forma mais completa na Confirmação. Tendo repartido conosco o seu ofício de Adorador da Trindade no Batismo, Cristo nos torna participantes de seu ofício profético na confirmação. Tendo sido marcados

O ESPÍRITO SANTO E SUA TAREFA

no Batismo com o selo indelével de membros de seu corpo, participantes de seu sacerdócio, somos marcados mais uma vez na Confirmação com o selo indelével dos canais da verdade divina. Quando isso acontece, passamos a ter direito a todas as graças de que precisamos para sermos fortes em nossa própria fé e a qualquer luz de que necessitemos para que os outros entendam essa fé — sempre supondo, é claro, que, de nossa parte, assimilamos as verdades de nossa fé e somos guiados pela autoridade da Igreja, que reside nos bispos. Uma vez confirmados, temos essa dupla responsabilidade como apóstolos leigos e uma dupla fonte de graça e fortaleza para cumprir essa missão.

Por fim há o terceiro sacramento, aquele que nos torna participantes do sacerdócio em si: o sacramento da Ordem. Por meio dele, Cristo concede de forma total e completa o seu sacerdócio — plenamente aos bispos, e um pouco menos aos sacerdotes. Nas santas ordens não há somente um chamado, nem apenas a graça, mas também o "poder". Ao sacerdote é dado o poder de consagrar e perdoar, de santificar e abençoar. Aos bispos é dado, adicionalmente, o poder de ordenar outros sacerdotes e bispos, bem como a jurisdição de dirigir as almas e fixar as verdades da fé.

Mas todos nós somos chamados a ser apóstolos e a ajudar o Corpo Místico de Cristo a crescer e

XI. NÓS SOMOS A IGREJA

se fortalecer. Cristo espera que todos trabalhemos pela salvação do mundo na pequena parte do mundo na qual vivemos — o nosso lar, a nossa vizinhança, a nossa paróquia, a nossa diocese. Espera que a nossa vida seja um reflexo dEle para aqueles com quem vivemos, trabalhamos ou nos divertimos. Espera que tenhamos senso de responsabilidade com a alma alheia; que soframos com os pecados alheios; que nos preocupemos com as suas crenças. Cristo, enfim, espera que prestemos apoio e ajuda ativa a nossos bispos e sacerdotes em sua gigantesca tarefa.

XII. ONDE A ENCONTRAMOS?

"Não é de verdade se não tiver esta marca!" Esse é um *slogan* que os fabricantes usam com frequência em seus comerciais. Podemos não aguentar mais a imensa gama de "produtos de qualidade" e "vendas exclusivas", mas a maioria de nós, quando vai às compras, insiste em determinada classe de produtos, e raramente levamos uma peça de prata, por exemplo, antes de observar se não traz um selo com a palavra "Esterlina", indicando que se trata de prata boa; tampouco compramos um anel sem garantir que traga na parte interior a marca de contraste, que comprova a sua procedência.

Visto que a sua sabedoria é a sabedoria de Deus, podemos muito bem supor que, ao estabelecer a sua Igreja, Jesus Cristo não seria menos inteligente do que os fabricantes modernos. Podemos muito bem achar que Ele imprimiria em sua Igreja um sinal que todos os homens de boa vontade pudessem reconhecer, sobretudo se tivermos em mente que Ele a fundou ao custo da própria vida. Jesus não morreu na Cruz "simplesmente por morrer", nem deixou ao livre-arbítrio do homem a decisão de pertencer ou não à sua Igreja como bem entendesse. A sua Igreja é a Porta do Céu, através da qual todos (ao menos por um desejo implícito) devem passar.

Tendo feito dela um requisito prévio para a nossa felicidade eterna, Cristo não deixou de estampar sobre a sua Igreja uma "marca", um sinal de sua origem divina. E o fez de forma tão evidente que podemos identificá-la nos modernos "quadros de avisos" de mil igrejas, seitas e religiões diferentes. Podemos dizer que a *marca* da Igreja de Cristo é um quadrado. Ele próprio disse que devemos buscar os sinais de autenticidade em cada ângulo desse quadrado.

Em primeiro lugar está a *unidade*. "Tenho ainda outras ovelhas que não são deste aprisco. Preciso conduzi-las também, e ouvirão a minha voz, e haverá um só rebanho e um só pastor" (Jo 10, 16). E de novo: "Pai santo, guarda-os em teu nome, que me encarregaste de fazer conhecer, a fim de que sejam um como nós" (Jo 17, 11).

Em outro ângulo está a *santidade*. "Santifica-os pela verdade. [...] Santifico-me por eles para que também eles sejam santificados pela verdade" (Jo 17, 17-19). Essa foi a própria oração de Nosso Senhor por sua Igreja, e São Paulo nos lembra que "Cristo se entregou por nós para nos resgatar de toda a iniquidade, nos purificar e nos constituir seu povo de predileção, zeloso na prática do bem" (Tt 2, 14).

XII. ONDE A ENCONTRAMOS?

No terceiro ângulo está a *catolicidade,* com "c" minúsculo, ou "universalidade". A palavra "católico" vem do grego e "universal", do latim. Ambas significam a mesma coisa: "o todo". *Todos* os ensinamentos de Cristo, a *todos* os homens, em *todos* os tempos, em *todos* os lugares. Escutemos a Jesus, que nos disse: "Este Evangelho do Reino será pregado pelo mundo inteiro para servir de testemunho a todas as nações" (Mt 24, 24). "Ide por todo o mundo e pregai o Evangelho a toda criatura" (Mc 16, 15). "Sereis minhas testemunhas em Jerusalém, em toda a Judeia e Samaria e até os confins do mundo" (At 1, 8).

O quadrado se completa com a *apostolicidade.* A palavra tem, em si, algo de trava-língua, mas significa simplesmente que uma Igreja que pretenda ser a verdadeira Igreja de Cristo deve ser capaz de mostrar sua continuidade ininterrupta até os Apóstolos, revelar a sua descendência legítima de Cristo por meio deles. Mais uma vez, o próprio Jesus disse: "E eu te declaro: tu és Pedro, e sobre esta pedra edificarei a minha Igreja; as portas do inferno não prevalecerão contra ela" (Mt 16, 18). Falando a todos os Apóstolos: "Toda autoridade me foi dada no céu e na terra. Ide, pois, e ensinai a todas as nações; batizai-as em nome do Pai, do Filho e do Espírito Santo. Ensinai-as a observar tudo o que vos prescrevi. Eis que estou convosco todos os dias, até o fim do mundo" (Mt 28, 28-20). São Paulo insistiu sobre a questão da apostolicidade quando disse aos cristãos de Éfeso: "Consequentemente, já não sois hóspedes nem peregrinos, mas sois concidadãos dos santos e membros da família de Deus, edificados sobre o fundamento dos apóstolos e profetas, tendo por pedra angular o próprio Cristo Jesus" (Ef 2, 19-20).

Aí estão todas as notas da Igreja de Cristo: una, santa, católica e apostólica. Trata-se de um quadro que Ele estampou de forma indelével sobre ela, nítido e claro como o selo de um ourives. Qualquer Igreja que afirme ser a própria Igreja de Cristo deve exibir essas características.

Hoje em dia, há muitas igrejas em todo o mundo que se dizem cristãs. Vamos simplificar o nosso processo de verificação "escolhendo" a nossa própria igreja, a Igreja Católica, a fim de conduzir uma investigação. Se encontrarmos a marca de Cristo nela, não haverá necessidade de continuar procurando em outras igrejas.

Não importa que reconheça o quão equivocado esteja sobre algo, você não dará o braço a torcer se alguém lhe disser sem rodeios que você está errado. E, à medida que lhe explicarem o motivo de seu erro, você teimará cada vez mais em suas opiniões. Pode ser que isso nem sempre aconteça; pode ser, inclusive, que isso nunca aconteça, se você for um santo. Mas,

XII. ONDE A ENCONTRAMOS?

falando de modo geral, a natureza humana é assim. Por isso raramente vale a pena discutir sobre religião. Devemos, portanto, estar dispostos a explicar a nossa religião a qualquer momento, mas sem argumentar. No momento em que dizemos a alguém que "a sua religião está errada e eu vou te dizer o porquê", fechamos imediatamente a porta da atenção dessa pessoa. Depois disso, absolutamente nada do que dissermos conseguirá acessar a sua mente.

Por outro lado, se conhecermos bem a nossa religião e a explicarmos de forma inteligente e amável ao nosso próximo não católico, há uma boa chance de ele nos escutar. Se conseguirmos demonstrar que a Igreja Católica é a verdadeira Igreja estabelecida por Jesus Cristo, não haverá necessidade de dizer que a outra igreja não é a verdadeira. Talvez ele seja teimoso, mas não estúpido, e desse modo fará as próprias deduções. Com isso em mente, passemos a examinar a Igreja Católica para ver se ela carrega a marca de Cristo, ou seja, se Jesus a assinalou de forma inquestionável como a sua própria Igreja.

Em primeiro lugar, busquemos a unidade que Ele disse que caracterizaria o seu rebanho. Investiguemos essa unidade em três sentidos: unidade de crença, unidade de direção e unidade de adoração.

Sabemos que os membros da Igreja de Cristo devem expressar unidade de crença, de credo.

As verdades que subscrevemos são aquelas que foram ensinadas pelo próprio Jesus; são verdades que chegaram a nós diretamente de Deus. Não há verdades mais verdadeiras que a inteligência humana possa conhecer e aceitar do que as verdades reveladas por Deus. Deus *é* a Verdade. Ele sabe todas as coisas e não pode se enganar. É infinitamente verdadeiro e não pode mentir. É mais fácil crer que não há sol ao meio-dia, por exemplo, do que acreditar que Jesus pode estar errado ao dizer que há três Pessoas num só Deus.

Por isso acreditamos ser ilógico o princípio da "opinião particular". Há muitas pessoas que sustentam a tese do direito à opinião própria em assuntos religiosos. Admitem que Deus revelou certas verdades, mas dizem que cada um deve interpretar essas verdades da forma que julgar mais adequada. Que cada homem leia a sua própria Bíblia! E, seja lá o que for que ele acredite significar a Bíblia, isso é o que realmente significa para ele! Pronto!

A nossa resposta é que tudo o que Deus disse é da forma como Ele disse, e isso vale para todos e para cada um, em todos os tempos. Não temos o direito de escolher e acomodar a Revelação de Deus segundo nossas próprias preferências e conveniências.

Naturalmente, a teoria da "opinião particular" acabou conduzindo à negação de toda verdade absoluta.

XII. ONDE A ENCONTRAMOS?

Há muitas pessoas, hoje em dia, que afirmam serem "relativas" a verdade e a bondade. Para elas, algo só é "verdadeiro" na medida em que a maioria considere conveniente, apenas enquanto for considerado efetivamente útil. Se lhe convém crer em Deus, creia em Deus, mas prepare-se para jogar fora essa ideia se ela começar a se interpor no caminho do progresso. O mesmo ocorre com o que chamamos de "bem". Uma coisa ou ação é considerada boa apenas se contribui para o bem-estar e a felicidade da humanidade. Mas se a castidade, por exemplo, significar conter o avanço do homem num mundo sempre em progresso, ela deixará de ser boa. Em resumo, uma coisa só será considerada boa ou verdadeira se for útil à comunidade aqui e agora, ao homem como membro ativo da comunidade; só será boa ou verdadeira, enfim, *enquanto* for útil. Essa filosofia chama-se pragmatismo. E é muito difícil discutir sobre assuntos de fé com um pragmático, pois ele destruiu a base sobre a qual nos assentamos, negando que exista qualquer verdade real e absoluta. Tudo o que um cristão pode fazer em favor do pragmático é rezar por ele e tratar de mostrar, por meio de uma verdadeira vivência da fé cristã, que o cristianismo é algo real.

Essas reflexões estão nos desviando de nosso tema principal: o de que nenhuma igreja pode se declarar a verdadeira Igreja de Cristo a menos que seus membros creiam nas mesmas verdades, visto que são as verdades de Deus, invariáveis por toda a eternidade e iguais para todos. Bispos, sacerdotes e crianças do ensino fundamental; americanos, franceses e japoneses; brancos, negros e amarelos; todos os católicos, em qualquer parte, expressam as mesmas coisas quando recitam o Credo dos Apóstolos.

Não estamos unidos apenas no que cremos, como também estamos unidos sob a mesma direção espiritual. Foi Cristo quem fez de São Pedro o primeiro pastor de seu rebanho e quem instituiu os sucessores dele até o fim dos tempos, os quais seriam a cabeça de sua Igreja e os guardiães de suas verdades. A nossa lealdade e obediência ao Bispo de Roma, a quem chamamos amorosamente de Santo Padre, será sempre o laço central de nossa unidade e a prova de que somos membros da Igreja de Cristo. "Onde está Pedro, ali está a Igreja!"

Estamos também, como nenhuma outra igreja, unidos na adoração. Temos somente um altar, sobre o qual Jesus renova diariamente o oferecimento de si mesmo sobre a Cruz. O católico é a única pessoa que pode dar a volta ao mundo e saber que, aonde quer que vá — África, Índia, Alemanha ou América do Sul —, se sentirá em casa em se tratando de religião. Em todas as partes, a mesma Missa; em todo lugar, os mesmos sete sacramentos. Una

XII. ONDE A ENCONTRAMOS?

na fé, na cabeça e na adoração. Eis aqui a unidade pela qual Cristo rezou e à qual se referiu como uma das "marcas" que identificariam a sua Igreja para sempre. É uma unidade que encontramos somente na Igreja Católica.

XIII. SANTA E CATÓLICA

Os argumentos mais expressivos contra a Igreja Católica são a vida dos maus católicos e dos católicos menos conscientes. Caso você perguntasse a um católico indiferente se todas as igrejas são igualmente boas, ele provavelmente responderia, indignado: "É claro que não! Há somente uma Igreja verdadeira, a Igreja Católica!" Em seguida, porém, trataria de mostrar por todos os meios que é um mentiroso, devorando os mesmos livros imorais que os seus amigos não católicos, embriagando-se com eles nas mesmas festas, participando de suas fofocas maliciosas, comprando os mesmos preservativos, talvez até superando-os na imoralidade de suas atividades comerciais ou na imundície de sua conduta política. Sabemos que esses homens e mulheres são minoria, mas um só já seria demais. Sabemos, além disso, que devemos esperar que existam membros indignos na Igreja de Cristo. O próprio Jesus comparou a sua Igreja à rede de um pescador, em que são apanhados, ao mesmo tempo, peixes bons e maus (cf. Mt 13, 47-50); a um campo onde crescem, ao mesmo tempo, o trigo e o joio (cf. Mt 13, 24-30); e, por fim, a um banquete de bodas em que um dos convidados não levou a túnica apropriada (cf. Mt 22, 11-14).

O ESPÍRITO SANTO E SUA TAREFA

Os pecadores, portanto, estão junto de nós. Até o fim do caminho, serão a Cruz que Cristo há de carregar sobre os ombros em seu Corpo Místico. No entanto, Cristo indicou a "santidade" como um dos sinais distintivos de sua Igreja. "Pelos seus frutos os conhecereis", disse. "Colhem-se, porventura, uvas dos espinhos e figos dos abrolhos? Toda árvore boa dá bons frutos; toda árvore má dá maus frutos" (Mt 7, 16-17).

Ao fazer a pergunta "Por que a Igreja Católica é santa?", o Catecismo responde que "a Igreja Católica é santa porque foi fundada por Jesus Cristo, que é toda a santidade, e porque ensina, de acordo com a vontade de Cristo, santas doutrinas, e proporciona os meios para se viver uma vida santa, gerando assim membros santos em todas as épocas".

Embora isso seja verdade em cada uma das palavras, não é fácil explicá-lo a um não católico, principalmente se na noite anterior ele esteve "fazendo uma farra" pela cidade na companhia de Fulano de Tal, membro da Sociedade do Sagrado Nome da Igreja de Santa Pia. Sabemos que Jesus Cristo fundou a Igreja e que todas as demais igrejas foram fundadas por simples homens. No entanto, os luteranos provavelmente não compartilhariam da ideia de que Martinho Lutero fundou uma nova igreja. Eles diriam que Lutero não fez nada além de "purificar" a antiga Igreja de seus erros e abusos.

XIII. SANTA E CATÓLICA

Os episcopais, sem dúvida, dariam uma resposta parecida: Henrique VIII e Tomás Cranmer não criaram uma nova igreja; apenas se separaram da "sucursal de Roma" e criaram a "franquia inglesa" da igreja cristã original. Os presbiterianos diriam o mesmo de John Knox; e os metodistas, de John Wesley, e assim por diante, com a longa lista de seitas protestantes. Todos eles, sem a menor sombra de dúvida, alegariam que Cristo foi o fundador de suas igrejas.

Algo semelhante ocorreria se mencionássemos o fato de a Igreja Católica ensinar uma santa doutrina como prova de sua origem divina. "A minha igreja também ensina uma doutrina santa", responderia, certamente, qualquer conhecido nosso não católico. "Na verdade, diria até que a minha igreja ensina uma doutrina 'mais' santa do que a sua. Nós não admitimos jogos de cartas, bebida e jogo como vocês, católicos." E, se fôssemos tão sem tato a ponto de discutir sobre a anticoncepção e o divórcio, eles alegariam a "falta de realismo" de que costumam nos acusar por não levarmos em consideração as exigências do progresso social.

No entanto, poderíamos pelo menos indicar os santos como prova de que a santidade de Cristo está atuando na Igreja Católica, não? Sim, poderíamos, e essa é uma evidência indiscutível, da qual ninguém pode fugir. Os milhares de homens, mulheres

O ESPÍRITO SANTO E SUA TAREFA

e crianças que levaram vidas de santidade, cujos nomes compõem o calendário dos santos, são muito difíceis de se ignorar, e não há nada parecido em nenhuma das outras igrejas. Porém, se o nosso interlocutor for versado em psicologia moderna, poderá falar dos santos empregando palavras como "histeria", "neurose" e "sublimação de reflexos básicos". Em todo caso, na visão desse nosso companheiro os santos são como personagens de romances ou pouco menos que isso. Você não pode "ensinar" um santo a ele, aqui mesmo, neste preciso momento.

Dessa forma, de que nos servem todos esses possíveis argumentos? O nosso amigo, que está interessado nesse tema (suponhamos que esteja), pode protestar e dizer que Cristo também é o fundador de sua igreja, pode argumentar que a doutrina de sua igreja também é santa, pode menosprezar a questão dos santos como um ponto discutível, mas não pode escapar da "nossa" evidência, não pode ficar cego ou surdo ao testemunho de nossa própria vida. Se cada católico que o nosso amigo encontrar for uma pessoa de eminente virtude cristã — amável, paciente, desprendida, tolerante, casta, caridosa, reverente no linguajar, honrada, sincera, alheia a tudo o que não seja perfeitamente reto, generosa, pura e equilibrada —, que impressão isso produziria nele?

XIII. SANTA E CATÓLICA

Concretamente, se os 31 milhões[1] de católicos de nosso país levassem esse tipo de vida, que estrondoso testemunho da santidade da Igreja de Cristo! Precisamos nos lembrar sempre que somos os guardiães de nossos irmãos. Pode ser que não nos importemos com as nossas pequenas fraquezas e o nosso egoísmo, que pensemos que tudo isso está resolvido quando nos desligamos dessas coisas aos nos confessar. Porém, não se trata apenas de nossos pecados, mas das almas que perderam o Céu por nossa culpa, fato pelo qual também teremos de responder diante de Deus. Mencionei 31 milhões, certo? Deixemos de lado 30.999.998 e nos concentremos em nós dois, eu em mim mesmo e você em si próprio. Se agirmos daquele modo piedoso e santo, o sinal de santidade da Igreja Católica poderá ser proclamado ao menos no pequeno espaço onde vivemos e trabalhamos.

Todo o tempo, todas as verdades, em todo os lugares. Isto, em síntese, expressa o terceiro dos quatro sinais da Igreja. Trata-se do terceiro ângulo do quadrado que constitui a marca de Cristo, o distintivo que prova a origem divina da Igreja. Este é o selo de autenticidade que apenas a Igreja Católica apresenta.

---

1 Número que, segundo artigo de 6 de dezembro de 2022 da Agência Católica de Notícias, atualmente está em 62 milhões. O país ao qual o autor se refere são os Estados Unidos da América. [N. T.]

A palavra "católico" indica a inclusão de todos. O vocábulo provém do grego, como já mostramos, e significa o mesmo que "universal", que por sua vez provém da língua latina.

Quando dizemos que a Igreja Católica (com "c" maiúsculo) é católica (com "c" minúsculo), queremos dizer que a Igreja existiu em "todos os tempos", desde o Domingo de Pentecostes até hoje. Isso é demonstrado por qualquer livro de história, e sequer é necessário que seja um livro de história católico. A Igreja Católica tem uma existência de mais de vinte séculos e é a única igreja a que isso se aplica.

Digam o que quiserem as outras igrejas a respeito de serem "purificações" da antiga Igreja, ou "sucursais" da única Igreja verdadeira; o fato é que, durante os primeiros oitocentos anos da história cristã, não houve outra igreja além da Igreja Católica. A outra igreja mais antiga é a Igreja Ortodoxa Grega, cujo início se deu no século IX, quando o Arcebispo de Constantinopla negou a Sagrada Comunhão ao césar Bardas, que vivia em pecado. Irritado, o imperador separou a Grécia de sua união com Roma, e assim nasceu a Igreja Ortodoxa.

A Igreja Protestante mais antiga, que é a luterana, foi fundada no século XVI, cerca de mil e quinhentos anos depois de Cristo. Começou com a rebelião de Martinho Lutero, sacerdote católico com uma personalidade magnética, e o seu rápido

XIII. SANTA E CATÓLICA

sucesso deveu-se à ajuda dos príncipes alemães que estavam ressentidos com o poder do Papa em Roma. A tentativa de Lutero de corrigir os abusos da Igreja — e de fato havia alguns — conduziu ao mal muito maior de dividir o cristianismo. Lutero abriu a primeira fenda no dique de contenção, e depois dele vieram muitos outros. Já mencionamos Henrique VIII, John Knox e John Wesley. Mas as primeiras igrejas protestantes se dividiram e subdividiram (principalmente nos países de língua germânica e inglesa) em centenas de seitas diferentes, processo que continua a ocorrer. No entanto, nenhuma delas existia antes do ano de 1517, quando Lutero pregou as famosas 95 Teses na porta da igreja de Wittenberg, na Alemanha.

A Igreja Católica não é apenas a única cuja história remonta ininterruptamente até Cristo, como também é a única que ensina todas as verdades proferidas por Cristo da forma como Ele próprio as ensinou. Os sacramentos da Penitência e da Extrema Unção; a Missa; a Presença Real de Jesus na Eucaristia; a supremacia espiritual de Pedro e os seus sucessores, os papas; a eficácia da graça e a capacidade do homem de merecer a graça e o Céu: alguma ou todas essas verdades são rejeitadas pelas diversas igrejas não católicas. Na verdade, hoje existem igrejas que se autoproclamam "cristãs", mas que chegam até a duvidar de que Jesus Cristo seja realmente Deus.

O ESPÍRITO SANTO E SUA TAREFA

Não há, contudo, nem uma só verdade revelada por Jesus — seja pessoalmente ou por meio de seus Apóstolos — que a Igreja Católica tenha deixado de declarar ou ensinar.

Além de ser universal no tempo (*todos* os anos desde o Pentecostes) e universal na doutrina (*todas* as verdades ensinadas por Jesus Cristo), a Igreja Católica é também universal em *extensão*. Encarregada do mandato de seu Fundador de pregar a todas as nações, a Igreja Católica levou a mensagem da salvação cristã a todas as latitudes e longitudes do globo, onde quer que houvesse almas. Não é uma igreja "alemã" (luterana), "inglesa" (anglicana), "holandesa" (reformada) ou "americana" (com suas centenas de seitas). A Igreja Católica está em todos esses países e em qualquer outro onde os missionários tenham conseguido entrar, mas não pertence a nenhuma nação ou raça. Ela está "em casa" em qualquer país, mas não é propriedade de ninguém. E assim o é por vontade de Cristo. A sua Igreja é para todos os homens e deve ter uma extensão mundial. A Igreja Católica é a única igreja em que essa vontade se realiza; é única que está em todas as partes, ao redor de todo o mundo. Católica ou "universal" no tempo, nas verdades e no espaço; esse é o terceiro sinal da verdadeira Igreja de Cristo.

O quarto sinal, que completa o quadro, é a *apostolicidade*. Falando de forma simples, isso significa

XIII. SANTA E CATÓLICA

que a igreja que pretenda ser a Igreja de Cristo deve ser capaz de provar a sua descendência legítima a partir dos Apóstolos sobre os quais Jesus estabeleceu a própria Igreja.

É relativamente fácil demonstrar que a Igreja Católica goza desse sinal da apostolicidade. Temos a lista dos bispos de Roma, que retrocede desde o Santo Padre de nossos dias até São Pedro, em linha contínua. E os outros bispos da Igreja Católica, verdadeiros sucessores dos Apóstolos, são os últimos elos numa cadeia completa que se estende ao longo de mais de dois mil anos. Desde o dia em que os Apóstolos puseram as mãos sobre Timóteo, Tito, Marcos e Policarpo, o poder episcopal é transmitido no sacramento das Sagradas Ordens de geração em geração, de bispo em bispo.

Dessa forma, fecha-se o quadrado. A *marca* pode ser percebida claramente na Igreja Católica: una, santa, católica e apostólica. Mas não sejamos simplórios a ponto de achar que novos convertidos virão correndo até nós quando lhes apresentarmos essa marca, pois os preconceitos humanos não se submetem tão facilmente à razão. Porém, ao menos tenhamos a certeza de que nós próprios a vemos.

XIV. RAZÃO E FÉ... E EU MESMO

Deus dotou o homem da faculdade de pensar e espera que ele faça uso desse dom. Há duas formas de abusar dessa capacidade. Uma é não utilizá-la. Uma pessoa que não aprendeu a fazer uso de seu poder de raciocínio aceita como verdade evangélica tudo o que lê em jornais e revistas, apesar de a precisão da notícia ser inquestionavelmente duvidosa. Esse é o tipo de pessoa que aceita, sem reservas, as afirmações mais extravagantes de comunicadores e publicitários e que crê estupidamente na mensagem de qualquer anúncio. O prestígio os assombra e atemoriza. Se um famoso cientista ou empresário disser que Deus não existe, é claro que Deus não existe. Em outras palavras, a pessoa que não pensa prefere que lhe entreguem prontas as suas próprias opiniões. Todavia, não é a preguiça de pensar que produz um não pensador. Infelizmente, muitas vezes os próprios pais e professores são a causa dessa apatia, quando desestimulam a curiosidade natural dos jovens e resolvem todo "por quê?" com um "porque estou dizendo!".

No outro extremo está o homem que faz da razão um verdadeiro deus. É o tipo de pessoa que não crê

O ESPÍRITO SANTO E SUA TAREFA

em nada que não possa ver e compreender. Para ela, as únicas verdades são as que saem dos laboratórios científicos. Nada é certo, a menos que lhe "faça sentido", a menos que produza bons resultados práticos aqui e agora. O que tem efetividade é verdadeiro; o que tem utilidade é bom. Esse tipo de pensador é o pragmatista. Ele rejeita qualquer verdade baseada na autoridade; acredita na autoridade de um Einstein e aceita a Teoria da Relatividade, mesmo que não a compreenda; crê também na autoridade dos físicos nucleares e aceita o princípio da energia nuclear, ainda que não o compreenda também; no entanto, quando se trata da autoridade da Igreja, a palavra "autoridade" torna-se muito mais polêmica. O pragmatista respeita as afirmações das autoridades humanas porque diz ter certeza de que sabem o que falam; ele confia nelas. Por outro lado, olha com compassiva piedade para o católico, que, pela mesma razão, respeita as posições da Igreja, confiante de que ela, na pessoa do Papa e dos bispos, sabe o que está dizendo.

É verdade que nem todos os católicos têm um conhecimento inteligente de sua fé. Para muitos, a fé é apenas uma aceitação "cega" das verdades religiosas baseada na autoridade da Igreja. Essa aceitação pode ser resultado da falta de oportunidade de estudar, da falta de educação ou até — infelizmente — da negligência intelectual. Isso não quer dizer que uma

XIV. RAZÃO E FÉ... E EU MESMO

fé cega tenha de ser necessariamente condenada. Para crianças e analfabetos, as crenças religiosas são inevitavelmente crenças não provadas, assim como a sua crença na necessidade de certos alimentos e no veneno de certas substâncias. O pragmatista que afirma: "Aceito o que Einstein dizia, pois ele sabia do que estava falando" dificilmente poderá criticar a criança que diz: "Acredito, porque foi o papai que disse" ou "Acredito, porque foi o padre quem falou". Tampouco poderá criticar o adulto analfabeto que diz: "Para mim, vale o que o Papa disser."

Para o católico consciente, porém, a aceitação das verdades religiosas é uma aceitação *fundamentada*, refletida, uma aceitação inteligente. É verdade que a própria virtude da fé — a "capacidade" de crer — é uma graça, um dom de Deus. Mas a fé adulta é baseada no raciocínio. Não é uma derrota da razão. O católico instruído, pela clara evidência da história, está convencido de que Deus falou; de que falou através de seu filho Jesus Cristo; de que Jesus estabeleceu uma Igreja como manifestação visível de si mesmo à humanidade; de que a Igreja Católica é essa Igreja fundada por Cristo; e de que Jesus deu aos bispos dessa Igreja, como sucessores dos Apóstolos (e especialmente ao sucessor de Pedro, o Papa), o poder de ensinar, santificar e governar espiritualmente em seu nome. Essa competência da

O ESPÍRITO SANTO E SUA TAREFA

Igreja para falar em nome de Cristo sobre assuntos de crença doutrinal ou ação moral, para administrar os sacramentos e exercer o governo espiritual, é chamada de *autoridade* da Igreja. O homem que, fazendo uso de sua inteligência, entende que a Igreja Católica tem mesmo esse atributo de autoridade não vai contra a razão — antes a "segue"— quando afirma: "Creio em tudo o que a Igreja Católica ensina."

Da mesma forma, o católico, seguindo a razão e a fé, submete-se à doutrina da infalibilidade. O atributo da infalibilidade significa simplesmente que a Igreja (na pessoa do Papa ou de todos os bispos em união com ele) não pode se equivocar quando proclama solenemente que determinado assunto de crença ou de conduta foi revelado por Deus e que deve ser mantido e seguido por todos. A promessa de Jesus, "Eis que estou convosco todos os dias, até o fim do mundo" (Mt 28, 20), não teria significado se a sua Igreja não fosse infalível. Certamente Jesus não estaria com a sua Igreja se permitisse que ela cometesse algum erro em relação a assuntos essenciais para a salvação.

O católico sabe que o Papa pode pecar como qualquer outro ser humano. O católico sabe que as opiniões pessoais do Papa têm apenas a importância relativa que a sua sabedoria humana pode lhes conferir. Mas o católico sabe também que o Papa, como cabeça da Igreja de Cristo, quando proclama solene e

XIV. RAZÃO E FÉ... E EU MESMO

publicamente que certa verdade foi revelada por Jesus (seja pessoalmente ou através de seus Apóstolos), não pode se equivocar. Jesus não estabeleceria uma Igreja que pudesse causar a perdição dos homens. O direito de falar em nome de Cristo e de ser escutada é o atributo (ou qualidade) da Igreja Católica a que chamamos *autoridade*.

A certeza da impossibilidade de erro quando proclama as verdades de Deus constitui o atributo a que chamamos *infalibilidade* da Igreja universal. No entanto, há também uma terceira qualidade a caracterizar a Igreja Católica. Jesus não disse apenas: "Quem vos ouve a mim ouve; e quem vos rejeita a mim rejeita" (Lc 10, 16) — marca da autoridade — e "Eis que estou convosco todos os dias, até o fim do mundo" (Mt 20, 28) — marca da infalibilidade —, mas também: "Sobre esta pedra edificarei a minha Igreja; as portas do inferno não prevalecerão contra ela" (Mt 16, 18). Com essas palavras, Nosso Senhor assinalou outra qualidade inerente à Igreja Católica: *indefectibilidade*.

O atributo da indefectibilidade garante que a Igreja, por ter sido fundada pelo próprio Jesus, existirá até o fim dos tempos, que ela sempre estará aqui enquanto houver almas para salvar. "Permanência" seria um bom sinônimo para indefectibilidade, mas os teólogos parecem ter preferência por palavras mais longas.

O ESPÍRITO SANTO E SUA TAREFA

Seria, porém, um grande erro de nossa parte permitir que esse atributo da indefectibilidade nos fizesse relaxar tranquilamente num estado de falsa segurança. Jesus disse que a sua Igreja existiria até o fim dos tempos, mas não que existiria somente "neste" ou "naquele" país. Seria trágico se ficássemos indiferentes à ameaça da descristianização que ronda muitos lugares, dizendo a nós mesmos que nada de realmente mau pode nos ocorrer porque Cristo está com a sua Igreja. Se descuidarmos de nossa excelsa vocação como cristãos — e, portanto, apóstolos —, a Igreja de Cristo pode, mais uma vez, transformar-se numa Igreja subterrânea de almas marcadas pelo martírio.

"Quantas pessoas converti?" Ou, pelo menos: "Quanto interesse e esforço a respeito desse assunto coloquei nas minhas conversas?" Essas são perguntas que cada um de nós deve fazer a si mesmo ao menos uma vez por ano. O pensamento de, no dia do Juízo, nos apresentarmos perante Deus com mãos vazias deveria nos fazer tremer. "Onde estão os teus feitos, onde estão as tuas almas?", perguntará Ele — e o perguntará tanto ao leigo como ao padre e ao religioso.

Não podemos nos esquivar de nossa obrigação simplesmente dando dinheiro para as missões. Essa é uma parte necessária, mas é só o começo. Também é preciso rezar. As nossas orações diárias

XIV. RAZÃO E FÉ... E EU MESMO

estarão espantosamente incompletas se não incluírem orações pelos missionários, tanto os da própria pátria quanto os do exterior, e pelas almas entre as quais eles trabalham. No entanto, por acaso também rezamos todos os dias para que o dom da fé desça sobre os nossos amigos não católicos? Rezamos pela moça que trabalha à mesa ao nosso lado ou pelo companheiro que trabalha na máquina seguinte? Quantas vezes por ano convidamos um amigo não católico a assistir à Missa conosco, entregando-lhe antecipadamente um livrinho que explique o que acontece durante a celebração? Por acaso temos em casa bons livros sobre a fé católica ou folhetos interessantes que possamos dar ou emprestar sem a menor provocação a qualquer um que pareça estar interessado no assunto, mesmo que remotamente? Se fazemos essas coisas — inclusive nos oferecendo (quando uma pergunta nos parecer muito difícil) para acompanhar o interlocutor a uma visita a um sacerdote —, então estamos fazendo o que devemos; estamos cumprindo ao menos uma parte de nossa responsabilidade perante Cristo em razão do tesouro que Ele nos confiou.

Não pensamos, é claro, que todos os não católicos irão para o inferno, assim como não pensamos que, somente por nos dizermos católicos iremos para o Céu. O axioma "fora da Igreja não há salvação" significa que não há salvação para aqueles que estão

O ESPÍRITO SANTO E SUA TAREFA

separados da Igreja por culpa própria. Uma pessoa que seja católica e deliberadamente abandone a Igreja não pode se salvar, a menos que retorne para ela. Um não católico que saiba que a Igreja Católica é a verdadeira Igreja, mas permaneça fora dela pela própria culpa, não pode se salvar; um não católico cuja ignorância da fé católica é uma ignorância voluntária, uma cegueira deliberada, não pode se salvar. No entanto, os que estão fora da Igreja sem culpa e fazem o melhor que podem conforme o que sabem, dando bom uso às graças que Deus certamente lhes concederá em consonância com a sua boa vontade, "podem" se salvar. Deus não pede o impossível a ninguém. Ele recompensará a todos de acordo com o que fizeram com o que tinham. Isso, porém, não significa que podemos fugir de nossa responsabilidade, dizendo: "Se o meu próximo pode ir para o Céu sem ser católico, por que vou me preocupar?"; tampouco significa dizer que "uma igreja é tão boa quanto a outra".

Deus deseja que todos os homens pertençam à Igreja que Ele fundou. Jesus Cristo também deseja a existência de um só rebanho e um só Pastor. E nós devemos almejar, para os nossos parentes, amigos e vizinhos, uma certeza maior de salvação, aquela mesma de que desfrutamos na Igreja de Cristo, onde temos a mais completa segurança da verdade, maior segurança do que é certo e do que é errado, bem

XIV. RAZÃO E FÉ... E EU MESMO

como as inigualáveis oportunidades oferecidas pela Missa e pelos sacramentos. Levamos a nossa própria fé de modo muito leviano se nos misturamos, dia após dia, com pessoas diferentes sem nunca nos perguntar: "O que posso fazer para ajudar este homem (ou mulher) a reconhecer a verdade da Igreja Católica e se tornar membro do Corpo Místico de Cristo?" O Espírito Santo vive sempre com a Igreja, mas, muitas vezes, espera que consigamos entrar na alma da pessoa que está ao nosso lado.

XV. O FIM DO CAMINHO

Trabalhamos por uns poucos (ou muitos) anos e depois morremos. Esta vida, como bem sabemos, é um período de provações, um campo de testes para a eternidade. A felicidade do Céu consiste essencialmente no cumprimento do amor. Se formos à eternidade sem o amor a Deus no coração, seremos absolutamente incapazes de experimentar a felicidade do Céu. Nossa vida neste mundo é o tempo que Deus nos concedeu para vencer e "provar" o nosso amor a Ele. Devemos provar que o nosso amor a Ele é maior do que o nosso amor a qualquer um de seus dons criados, como o prazer, a riqueza, a fama ou os amigos; devemos provar que o nosso amor pode aguentar a pressão dos males produzidos pelo homem, como a pobreza, a dor, a humilhação ou a injustiça. Estejamos nós nas alturas ou nas profundezas, devemos poder dizer a qualquer momento: "Eu te amo, meu Deus!", e provar essa afirmação com ações. Para alguns, o caminho é curto; para outros, é longo. Para alguns, é realmente fácil; para outros, difícil. Mas uma hora ele chega ao fim para todos nós. Morremos.

A morte é a separação entre a alma e o corpo. Devido às dificuldades do tempo, das doenças ou

O ESPÍRITO SANTO E SUA TAREFA

dos acidentes, o corpo sofre até o ponto em que a alma não pode continuar atuando por mais tempo através dele. Nesse ponto a alma deixa o corpo, e dizemos que a pessoa morreu. O instante exato em que a alma deixa o corpo raramente pode ser apontado com precisão. O coração pode ter deixado de bater e a respiração pode ter cessado, mas a alma ainda pode estar presente. Isso é provado pelo fato de que, às vezes, pessoas que estavam aparentemente mortas revivem mediante a respiração artificial ou outros meios. Essas pessoas não poderiam ter sido reanimadas a menos que a alma ainda estivesse ali. Por isso, a Igreja permite ao sacerdote conceder a absolvição condicional e a unção condicional até duas horas após a morte aparente, para o caso de a alma ainda estar presente. Uma vez, porém, que o sangue comece a se coagular e o *rigor mortis* seja constatado, sabemos com segurança que a alma abandonou o corpo.

O que ocorre depois? No instante mesmo em que a alma se separa do corpo, ela é julgada por Deus Todo-poderoso. Quando os que se encontram ao redor do leito de morte ainda estão cruzando as mãos do defunto sobre o peito e fechando os olhos já sem visão, a alma já foi julgada e já sabe qual será o seu destino eterno. Esse juízo da alma individual logo após a morte é conhecido como Juízo Particular. É uma hora tremenda para todos nós. Trata-se do momento

XV. O FIM DO CAMINHO

para o qual se dirigiram todos os nossos anos sobre a Terra; o momento para o qual se dirigiu a nossa vida. Para todos nós, é um dia de pagamento.

Onde ocorrerá esse Juízo Particular? Provavelmente no próprio lugar onde morremos, humanamente falando. Depois desta vida, não haverá "espaço" ou "lugar" no sentido em que entendemos essas palavras. A alma não precisa ir a determinado lugar para ser julgada. Podemos apenas fazer suposições em relação à forma como esse Juízo Particular se desenrolará. Tudo o que Deus nos revelou a respeito do Juízo Particular ocorrerá — isso é tudo o que precisamos saber. A descrição do Juízo Particular em termos jurídicos, com a alma diante de Deus sentado em seu trono, tendo o diabo de um lado como fiscal e o anjo da guarda, de outro, como defensor, tudo isso, sem dúvida, é uma imagem poética e nada mais. Para os teólogos, o que provavelmente ocorre é que a alma seja iluminada por Deus de forma que veja-se a si mesma tal como Ele a vê (que veja o estado em que está, de graça ou de pecado, com Deus amando-a ou rejeitando-a) e veja qual será o seu destino conforme a justiça infinita de Deus. Trata-se de um destino que não pode ser mudado, de uma sentença que não pode ser revista. O período de preparação e provações já terminou. A misericórdia de Deus já fez tudo o que podia, e a justiça é a única coisa que prevalece.

O ESPÍRITO SANTO E SUA TAREFA

O que ocorre em seguida? Pensemos no pior. Consideremos o destino da alma que preferiu a si mesma em vez de Deus e que morreu sem retornar ao Senhor; em outras palavras, a alma que morre em estado de pecado mortal. Ao ter se separado deliberadamente dEle durante a sua vida e ter morrido sem o laço de união com Deus que chamamos graça santificante, essa alma já não tem meios pelos quais possa restabelecer contato com Deus. Ela O perdeu para sempre. Está no inferno. Para uma alma como essa, a morte, o juízo e o inferno são simultâneos.

Como é o inferno? Ninguém o sabe exatamente, porque ninguém voltou de lá para contar. Sabemos que no inferno há fogo eterno, porque Jesus Cristo assim o disse. Também sabemos que não é o tipo de fogo que vemos em fogões e fornos. Esse fogo material não poderia afligir a alma, que é espírito. O que sabemos é que no inferno há uma *pena dos sentidos* (como os teólogos a denominam), e sua natureza é tal que nenhuma palavra da linguagem humana, exceto a palavra "fogo", é capaz de a descrever.

O que mais importa, no entanto, não é a *pena dos sentidos*. É a *pena da perda*. É essa, a pena da perda, a eterna separação de Deus, o que constitui a pior parte do sofrimento do inferno. Suponho que, dentro do quadro das verdades reveladas, cada pessoa imagine o inferno de uma forma particular. Para mim, o que faz a minha alma tremer ao pensar no inferno é a sua

142

XV. O FIM DO CAMINHO

terrível solidão. Penso em mim, desolado e solitário, num vasto vazio, cheio somente de ódio, ódio a Deus e ódio a mim mesmo, desejando morrer e sabendo que não posso, reconhecendo também que esse é o destino que escolhi livremente em troca de... nada, ao passo que retumba constantemente em meus ouvidos a voz de minha própria consciência: "Isso é para sempre... Sem descanso... Sem cessar... Para sempre... Para sempre..." Nenhuma representação do inferno que as palavras ou a caneta possam fazer será tão tenebrosa quanto a sua realidade. Que Deus nos livre a todos!

Certamente poucos de nós somos tão otimistas a ponto de acreditar que o nosso Juízo Particular nos encontrará livres de qualquer sinal de pecado. Isso significaria estar livres não somente de pecados mortais e veniais, mas também de qualquer castigo temporal que tenhamos merecido — a dívida de expiação que devemos a Deus mesmo depois que o pecado em si tenha sido perdoado. É isso que nos proporciona o sacramento da Unção: a limpeza da alma dos "restos de pecado". Para isso existem as indulgências plenárias, especialmente a indulgência plenária no momento da morte, que a Igreja concede aos moribundos através da Extrema Unção.

Supondo que venhamos a morrer dessa forma — fortalecidos com os últimos sacramentos e com uma indulgência plenária concedida no momento da morte, estando sem o menor rastro de pecado na alma —, o que podemos esperar? Nesse caso, a nossa morte, que o instinto de conservação fez parecer tão temível, será, na realidade, o nosso mais brilhante momento de vitória. Quando o corpo, não sem pesar, ceder a posse do espírito que lhe deu vida e valor, a visão instantânea de Deus será o nosso próprio juízo.

Visão beatífica é o frio termo teológico usado para se referir à magnífica realidade que ultrapassa a imaginação ou a descrição humanas. Essa realidade não é simplesmente uma visão no sentido de "ver" a Deus. É uma união com Deus; é Deus possuindo a alma e a alma possuindo a Deus, numa unidade tão completa que está infinitamente além do êxtase do mais perfeito matrimônio humano. Quando a alma "entra" no Céu, o impacto que sofre do Infinito Amor que é Deus é tão enorme que a aniquilaria se Deus não lhe desse a força necessária para aguentar toda a felicidade que Ele representa. Se nesse momento fôssemos capazes de desviar os nossos pensamentos dEle por um segundo, quão insignificantes, pensaríamos então, foram os piores de nossos sofrimentos terrenos e as provações pelas quais passamos! Que preço tão ridiculamente pequeno pagamos pela indescritível felicidade de que agora gozamos! Trata-se de uma felicidade que ninguém poderá tirar de nós, de um instante concentrado de pura alegria que

XV. O FIM DO CAMINHO

nunca acabará. Essa é a felicidade eterna, a felicidade essencial do Céu.

Haverá ainda outras alegrias que experimentaremos no Céu. Teremos a alegria da companhia de Nosso Salvador, Jesus Cristo, e de sua mãe, Maria, cujo doce amor e beleza admiramos por tanto tempo a distância; e teremos ainda a alegria da companhia dos anjos e dos santos, incluindo os membros de nossa própria família e os amigos que nos precederam no caminho para o Céu. Mas essas alegrias serão um tímido soar de pequenas campainhas se comparadas à esplêndida sinfonia do amor de Deus que retumbará à nossa volta.

Porém, o que acontecerá se, quando morrermos, o Juízo Particular não nos encontrar nem separados pelo pecado mortal, nem com a perfeita pureza de alma necessária para a união com Deus, que é todo santo? Na verdade, isso pode muito bem acontecer se nos contentarmos com um nível medíocre de vida espiritual — parcimoniosos na oração, evitando a autorrenúncia, cedendo nas coisas que não são graves... Os nossos pecados mortais, caso tenhamos alguns, podem ser perdoados com o sacramento da Penitência (não dizemos, no Credo, "creio [...] na remissão dos pecados"?), mas, se a nossa religião for uma religião acomodada, é muito provável que não sejamos capazes, em nossos últimos momentos, daquele amor perfeito a Deus que se faz necessário para alcançar a indulgência plenária. E eis que estamos no Juízo: nem merecendo o inferno, nem preparados para o Céu. O que será de nós?

Aqui, a doutrina do purgatório evidencia a sua razão de ser. Mesmo que essa doutrina não tivesse chegado a nós a partir de Cristo e seus Apóstolos, por meio da tradição da Igreja, a razão por si só entenderia que deve haver algum processo final de purificação para limpar qualquer imperfeição que possa existir e que se interponha entre a alma e Deus. Essa é precisamente a função do estado de sofrimento temporário a que chamamos purgatório. No purgatório, assim como no inferno, há uma *pena dos sentidos*; mas, assim como o sofrimento essencial do inferno é a separação de Deus por toda a eternidade, o sofrimento essencial do purgatório é a atormentadora agonia que sofre a alma ao se atrasar, ainda que seja só por um instante, para a sua união com Deus. Lembremos que a alma foi criada por Deus. Devido ao fato de, nesta vida, o corpo atuar (poderíamos dizer) como um isolante, não sentimos a tremenda atração que Ele exerce sobre a nossa alma. Alguns dos santos sentem essa atração de leve, mas a maioria de nós quase não a sente. Quando a alma sai do corpo, fica exposta a toda a força de atração de Deus sobre ela. Enlouquecida pela fome de Deus, ela se lança contra as barreiras de suas imperfeições ainda pendentes até que finalmente seja purificada pela

XV. O FIM DO CAMINHO

agonia de sua própria dor e as barreiras caiam — e lá estará Deus!

É consolador saber que no purgatório a alma sofre alegremente, mesmo quando o sofrimento seja de uma intensidade desconhecida do lado de cá do Juízo. A diferença entre o sofrimento do inferno e o do purgatório é a diferença entre a separação eterna de Deus, que existe no inferno, e a certeza de resgate, que existe no purgatório. A alma, no purgatório, não gostaria de se apresentar perante Deus em seu estado atual, e por isso há alegria em sua agonia — alegria pela certeza do êxtase que se seguirá.

Evidentemente, ninguém pode saber "quanto" tempo dura o purgatório para uma alma em particular. Coloquei "quanto" entre aspas porque, embora exista "duração" após a sepultura, não existe, até onde sabemos, aquilo que entendemos por tempo: nem dias, nem noites, nem horas, nem minutos. No entanto, quer meçamos o purgatório pela duração ou pela intensidade (e um instante de tortura insuportável pode ser pior do que um ano inteiro de relativo incômodo), permanece o fato de que as almas que lá estão não podem amenizar ou abreviar os seus sofrimentos. Mas nós, os vivos, podemos ajudá-las, pela misericórdia de Deus; e a frequência e extensão da lembrança que tivermos delas, seja de uma alma individual ou de todos os fiéis que já partiram, são medidas unicamente por nosso amor.

XVI. O FIM DO MUNDO

Não sabemos quando o mundo vai se acabar — isto é certo. Pode ser amanhã ou dentro de um milhão de anos. Jesus, como lemos no capítulo 24 do Evangelho de São Mateus, apontou alguns dos sinais que devem preceder a desintegração do mundo. Haverá guerras, fomes e pestes; virá o reino do Anticristo; o sol e a lua escurecerão; as estrelas cairão do firmamento; e a Cruz aparecerá no céu. Somente quando tudo isso ocorrer, "veremos o Filho do Homem vir sobre as nuvens do céu cercado de glória e de majestade" (Mt 24, 30). Esses eventos poderiam ocorrer a qualquer momento, e com isso todas as profecias estariam cumpridas. Por outro lado, as guerras, fomes e pragas que a humanidade viveu até agora podem ser simplesmente um nada se comparadas com as que realmente precederão o fim do mundo. Realmente não sabemos. Só podemos nos preparar.

Ao longo de séculos, o capítulo 20 do Apocalipse de São João vem sendo uma fonte fascinante de material para os estudiosos das Sagradas Escrituras. Nesse livro, São João descreve uma visão profética. Diz ele que o demônio será subjugado e preso por mil anos, durante os quais os mortos voltarão a viver e reinarão com Cristo. No fim desses mil anos, o demônio será libertado e vencido para sempre, ao que virá a

O ESPÍRITO SANTO E SUA TAREFA

segunda ressurreição. Alguns, como os Testemunhas de Jeová, por exemplo, leem tal passagem de forma literal — um modo sempre perigoso de interpretar essas formas de expressão que aparecem aos montes nas profecias. Os que interpretam a passagem literalmente e acreditam que Jesus reinará sobre a Terra durante mil anos antes do fim do mundo são chamados milenaristas, do latim *millenium*, que significa "mil anos". Essa interpretação, contudo, não está de acordo com as profecias de Cristo, e o milenarismo é rechaçado pela Igreja Católica como heresia. Alguns católicos instruídos creem que os "mil anos" sejam apenas uma forma de expressar um longo período antes do fim do mundo, quando a Igreja experimentará maior paz e Cristo reinará sobre a alma dos homens. No entanto, a interpretação mais comum dos especialistas na Bíblia católica diz que os "mil anos" representam o período total de tempo contado desde o nascimento de Cristo, quando Satanás, de fato, foi acorrentado. Todos os justos que vivem durante esse tempo têm uma primeira ressurreição no Batismo, reinam com Cristo enquanto estiverem em estado de graça e passam por uma segunda ressurreição no fim do mundo. Correndo paralelamente estão, a primeira morte, pelo pecado, e a segunda morte, no inferno.

Detivemo-nos nessa breve discussão acerca do *millenium* pois trata-se de uma questão que pode

XVI. O FIM DO MUNDO

surgir em discussões religiosas com não católicos, mas as coisas que sabemos com certeza sobre o fim do mundo têm mais importância *prática* para nós. Uma dessas certezas é o fato de que, quando a história do homem terminar, os corpos de todos os que viveram se levantarão e voltarão a se unir às suas almas. Visto que foi o homem completo, corpo e alma, que amou e serviu a Deus, ainda que ao preço de muitas dores e sacrifícios, é certamente justo que o homem completo, corpo e alma, desfrute da união eterna com Ele, que é a recompensa do amor; e já que foi o homem completo que rejeitou a Deus pelo pecado mortal, sem arrependimento, é justo que o corpo compartilhe com a alma da separação eterna de Deus que o homem escolheu para si próprio.

Os nossos corpos ressuscitados serão reconstruídos de tal forma que ficarão livres das limitações físicas que lhes caracterizaram neste mundo. Não precisarão de alimento, bebida ou descanso, e de certo modo estarão "espiritualizados". Além disso, os corpos daqueles que habitarão o Céu serão "glorificados" e possuirão a perfeição e a beleza que resultam da participação na perfeição e na beleza da alma que está unida a Deus.

Visto que o corpo de uma pessoa em que a graça habitou era, na verdade, um templo de Deus, a Igreja sempre insistiu em que devemos ter uma grande reverência para com os corpos dos fiéis defuntos.

O ESPÍRITO SANTO E SUA TAREFA

Seus corpos são levados à sepultura com orações e cerimônias e os túmulos, benzidos especialmente para recebê-los. Uma pessoa que escapou da corrupção da tumba foi a Mãe de Deus. "Pelo privilégio especial de sua Assunção, o corpo da Santíssima Virgem Maria, unido à sua alma imaculada, foi glorificado e levado ao Céu." Seu divino Filho, que tomou dela a carne, levou-a consigo ao Céu, fato que comemoramos no dia 15 de agosto, na Festa da Assunção de Nossa Senhora.

O mundo acaba, os mortos se levantam e descortina-se o Juízo Final. O Juízo Final mostrará Jesus Cristo sentado no trono da justiça divina, que substituirá o trono da misericórdia infinita, a Cruz. O Juízo Final não trará surpresas para nós no que diz respeito ao nosso destino derradeiro, pois a essa altura já teremos passado por nosso Juízo Particular e a nossa alma já estará no Céu ou no inferno. O objetivo do Juízo Final é dar glória a Deus, mostrando à humanidade a justiça, a sabedoria e a misericórdia do Senhor. Nessa hora, toda a nossa vida, que muitas vezes nos pareceu um emaranhado de acontecimentos sem nenhuma conexão, será totalmente revelada. Veremos, então, como a peça do quebra-cabeças da vida que conhecemos coincide com o magnífico e grandioso plano de Deus para o homem; veremos como a sabedoria e o poder de Deus, o seu amor, misericórdia e justiça, estavam agindo constantemente. "Por que Deus permitiu que

XVI. O FIM DO MUNDO

isso acontecesse?", perguntamos muitas vezes. "Por que Deus me fez isso ou aquilo?", questionamos. No Juízo Final, enfim saberemos todas as respostas. A sentença que Ele proferiu em nosso Juízo Particular será então confirmada publicamente. Todos os nossos pecados — e também todas as nossas virtudes — serão expostos à vista de todos. Aquela pessoa ingênua e sentimental que sempre dizia: "Não creio no inferno, pois Deus é muito bom para permitir que uma alma sofra eternamente" compreenderá nesse momento que Deus não é uma vovó boazinha. A justiça de Deus é tão infinita quanto a sua misericórdia. As almas dos condenados, queiram eles ou não, glorificarão nessa hora a justiça de Deus, assim como as almas dos justos glorificarão eternamente a sua misericórdia. Quanto ao resto, voltemos ao capítulo 25 do Evangelho de São Mateus e deixemos que o próprio Jesus (versículos 34-36) esclareça como devemos nos preparar para o último dia.

A maioria de nós provavelmente se surpreenderia se alguém nos chamasse de santos, pois reconhecemos com clareza suficiente as nossas imperfeições para aceitar um título como esse. No entanto, na Igreja primitiva, todos os membros fiéis do Corpo Místico de Cristo eram chamados santos. Essa era, por exemplo, a expressão favorita de São Paulo para os membros da comunidade cristã. Ele menciona "os santos que estão em Éfeso" (Ef 1, 1) e os "santos que estão em toda a Acaia" (2 Cor 1, 1). Os Atos dos Apóstolos, que narram a história da Igreja primitiva, também chamam de santos todos os seguidores de Cristo.

A palavra "santo" deriva da palavra latina *sanctus*, que significa "santificado". Cada alma cristã, se incorporada a Cristo no Batismo e abrigando em si o Espírito Santo (enquanto permanecer em estado de graça santificante), está santificada; é santa no sentido original da palavra. Hoje em dia, contudo, a palavra "santo" geralmente é usada para se referir àqueles que estão no Céu. Mas é o sentido original da palavra que empregamos quando repetimos no Credo dos Apóstolos: "Creio [...] na comunhão dos santos". A palavra "comunhão" (também derivada do latim), aqui, quer dizer "união com", e assim afirmamos nossa crença de que existe uma união, uma "camaradagem", um intercâmbio, entre todas as almas em que o Espírito Santo, o Espírito de Cristo, habita.

Essa comunhão inclui, em primeiro lugar, a nós mesmos, membros da Igreja que estamos na terra. A nossa "sucursal" da comunhão dos santos é denominada *Igreja militante*, ou seja, a Igreja que ainda está lutando, combatendo o pecado e o erro. Se caíssemos em pecado mortal, não deixaríamos de ser membros da comunidade dos santos, mas estaríamos separados de todo intercâmbio espiritual com os nossos irmãos.

XVI. O FIM DO MUNDO

As almas no purgatório também são membros da comunhão dos santos. Estão em graça para sempre, embora as suas dívidas e pecados menores tenham de ser expurgados. Elas ainda não podem ver a Deus, mas o Espírito Santo está nelas e com elas, para não perdê-las jamais. Com frequência chamamos essa "sucursal" da Igreja de *Igreja padecente*.

Por fim, há a *Igreja triunfante*, constituída por todas as almas dos bem-aventurados no Céu. Esta é a Igreja eterna. Nela serão incluídas, após o Juízo Final, tanto a Igreja militante quanto a Igreja padecente.

O que significa para nós, na prática, a comunhão dos santos? Significa que todos os que estamos unidos a Cristo — os santos no Céu, as almas no purgatório e nós na Terra — devemos sempre levar em consideração as necessidades dos outros. Os santos no Céu não vivem tão absortos em seu êxtase a ponto de se esquecer das almas que deixaram atrás de si. Não poderiam fazê-lo nem mesmo se o quisessem, pois o amor perfeito delas por Deus inclui o amor por todas as almas que Ele criou e adornou com as suas graças, por todas as almas em que Ele habita, por todas as almas pelas quais Jesus morreu. Em suma, os santos amam as almas que Deus ama.

O amor que os bem-aventurados no Céu sentem pelas almas no purgatório e na terra não é um amor

O ESPÍRITO SANTO E SUA TAREFA

passivo. Poderíamos chamá-lo *amor ativo*, um amor "com ânsia". Os santos desejam ajudar todas as almas a alcançar o Céu, cujo precioso valor eles agora estão em condições de avaliar como nunca. Se a oração de um homem bom na terra já "pressiona" Deus, mal conseguimos imaginar o poder das orações que os santos oferecem por nós. Eles são os heróis de Deus, os amigos íntimos do Altíssimo.

Os santos no Céu oram pelas almas do purgatório e por nós. De nossa parte, devemos reverência e honra a eles. Não somente porque podem e rezam por nós, mas porque o nosso amor a Deus assim o pede. Honra-se um artista quando se louva as suas obras. Ora, os santos são as obras-primas da graça de Deus; e, quando os honramos, honramos o seu Criador, o seu Santificador, o seu Redentor. A honra oferecida aos santos não é tirada de Deus. Ao contrário, é uma honra tributada a Deus na forma como Ele mesmo indicou e deseja. E vale lembrar que, quando honramos os santos, estamos certamente honrando muitos de nossos próprios falecidos que agora estão com Deus no Céu. Cada alma que está no Céu é um santo. Essa é a razão por que, além das festas especiais para santos específicos, a Igreja dedica um dia em honra à Igreja triunfante completa: a festa de Todos os Santos, no dia 1º de novembro.

Como participantes da comunhão dos santos, nós, na terra, oramos pelas almas que sofrem no

XVI. O FIM DO MUNDO

purgatório. Elas já não podem mais ajudar-se a si mesmas, pois o seu tempo de acumular créditos já terminou. Mas podemos ajudá-las com um favor de Deus. Podemos aliviar os seus sofrimentos e adiantar a sua ida para o Céu com as nossas orações, com as Missas que lhes oferecemos e com as indulgências que conquistamos para elas (quase todas as indulgências concedidas pela Igreja podem ser aplicadas às almas no purgatório, se tivermos essa intenção). Se as almas no purgatório podem rezar por nós ou não, não sabemos, mas sabemos que, uma vez que estejam entre os santos no Céu, certamente se lembrarão de quem se lembrou delas em sua necessidade e serão nossas intercessoras especiais diante de Deus.

É evidente que nós, aqui na terra, se desejamos ser fiéis às nossas obrigações como membros da comunhão dos santos, também devemos rezar e ajudar uns aos outros. Devemos ter um verdadeiro amor sobrenatural uns pelos outros, praticando a virtude da caridade fraterna em pensamentos, palavras e atos, e em especial por meio das obras espirituais e corporais de misericórdia. Se quisermos garantir nosso lugar permanente na comunhão dos santos, não devemos encarar as nossas responsabilidades aqui na terra de modo leviano.

E assim termina a história da salvação do homem, a história que a Terceira Pessoa da Santíssima

O ESPÍRITO SANTO E SUA TAREFA

Trindade, o Espírito Santo, escreveu. Com o fim do mundo, a ressurreição dos mortos e o Juízo Final, a tarefa do Espírito Santo se encerrará. O seu trabalho de santificação começou com a criação da alma de Adão. Para a Igreja de Cristo, começou no Domingo de Pentecostes. Para você e para mim, começou no dia em que fomos batizados. Quando o tempo se acabar e restar somente a eternidade, a tarefa do Espírito Santo encontrará sua satisfação na comunhão dos santos, já uma só companhia na glória eterna.

Direção geral
Renata Ferlin Sugai

Direção editorial
Hugo Langone

Produção editorial
Juliana Amato
Ronaldo Vasconcelos
Daniel Araújo

Capa
Gabriela Haeitmann

Diagramação
Sérgio Ramalho

ESTE LIVRO ACABOU DE SE IMPRIMIR
A 16 DE JULHO DE 2023,
EM PAPEL PÓLEN BOLD 90 g/m².